Fútbol Sala
NEUROCIENCIA APLICADA AL PORTERO

Concepto y 50 tareas para su entrenamiento

Grupo IAFIDES

WANCEULEN
Editorial

WANCEULEN
EDITORIAL DEPORTIVA

Título: FÚTBOL SALA. NEUROCIENCIA APLICADA AL PORTERO. CONCEPTO Y 50 TAREAS PARA SU ENTRENAMIENTO
Autor: GRUPO IAFIDES
Corrección del texto: MANUELA CASTILLO SOLER

Editorial: WANCEULEN EDITORIAL
Sello Editorial: WANCEULEN EDITORIAL DEPORTIVA

ISBN: 978-84-18486-74-6
ISBN: 9788418486-75-3

DEPÓSITO LEGAL: SE 2075-2020

Impreso en España. 2020

WANCEULEN S.L.
C/ Cristo del Desamparo y Abandono, 56 - 41006 Sevilla
Dirección web: www.wanceuleneditorial.com y www.wanceulen.com
Email: info@wanceuleneditorial.com

ÍNDICE

INTRODUCCIÓN

En la iniciación al mundo del entrenamiento es muy usual intentar encontrar una receta o una fórmula que resuelva nuestras necesidades y que cubra las posibles lagunas que tengamos en nuestro conocimiento o en nuestra capacidad.

La complejidad y diversidad del juego hacen que haya que tener un conocimiento del mismo para su enseñanza y para su aprendizaje en algunos casos.

Este libro con tareas no pretende ser una respuesta matemática a las necesidades que pueda tener un entrenador para encontrar soluciones a los problemas que se le planteen. La intención es poder manejar recursos, adaptarlos a nuestra realidad de entrenamientos y que puedan introducirnos y orientarnos a conseguir en el entrenamiento los objetivos pretendidos.

He reducido el uso de material para simplificar y poder llegar a cualquier nivel de recursos y que puedan ser llevadas a cabo en cualquier realidad, sin necesidad de unos materiales que dificulten su realización.

Existen distintos tipos de tareas para la mejora del dominio colectivo de cualquier medio que queramos que nuestro equipo maneje durante el desarrollo de los partidos. Atendiendo a la metodología empleada, la duración, los espacios, el número de jugadores... pueden variar para satisfacer nuestro modelo de juego.

A continuación, seleccionaré distintas tareas, desde las más simples a las de mayor complejidad, para poder trabajar la toma de decisión del portero de fútbol sala dentro de las tareas y que puedan formar parte de distintos modelos de juego ya que, atendiendo a las pretensiones de cada entrenador y a la metodología a emplear, cada uno debe introducirlas donde considere oportuno. Estas tareas carecen de un contexto y de una estrategia operativa, para los cuales necesitarán adaptación por parte del entrenador a todas las variables que crea que pueden tener incidencia en el desarrollo del juego de su equipo y a las características del mismo.

En este libro se indicarán el número de jugadores y la división y distribución de los espacios. No obstante, para que la tarea se adapte a cada equipo, estado físico de los jugadores, modelo de juego y metodología, cada entrenador la deberá adaptar en cuanto a metros las distancias, los espacios e incluso en número de jugadores en algunos casos para tener un mejor desarrollo con su equipo.

Las tareas no tendrán límites de toques, contactos o golpeos para conseguir nuestro objetivo, ya que habrá jugadores que necesiten o decidan utilizar un número mayor por necesidades del juego, por condiciones técnicas o por condicionantes físicos de desarrollo. No obstante, al ser tareas abiertas, el entrenador podrá condicionarlas si lo cree necesario u oportuno para conseguir los beneficios pretendidos conociendo la realidad a la que las va a exponer.

Al tratarse del entrenamiento del portero de manera aislada "sin el equipo", las tareas tendrán un número reducido de jugadores con los que trabajaremos en cada una de ellas, participando en los descansos cada uno en la mejora del compañero junto al entrenador de porteros o utilizando otros jugadores como "sparrings".

EL PORTERO

Los entrenadores buscamos dar a nuestros jugadores las respuestas a las acciones que van a desarrollar en el campo haciendo correcciones o indicaciones creyéndonos que sabemos la solución a todos los problemas o situaciones a las que se vaya a enfrentar. Durante el entrenamiento nuestro objetivo es crear contextos para que el jugador aprenda, no que le enseñemos. Los entrenadores no tenemos nada que enseñar, tenemos que generar un entorno que favorezca el aprendizaje. El factor principal en el proceso aprendizaje-enseñanza es el alumno, en este caso el futbolista o el portero, que es quien aprende y ahí se materializa la enseñanza.

Hay muchas frases hechas y muchos mitos que hemos creado los entrenadores a modo de recetario, creyendo que enseñábamos algo a los jugadores (porteros), acerca de dónde deben colocarse los porteros en algunas acciones o hacia dónde deben dirigir los despejes o los rechaces, por ejemplo:

"El portero tiene que rechazar a los lados"

Sería mejor decir que el portero deberá rechazar "donde no haya adversarios o hacia donde exista menos peligro para recibir gol".

"El portero debe estar en la bisectriz del ángulo entre los postes y el balón antes de un tiro"

Sería mejor decir que "el portero debe estar en situación de poder llegar a cualquier lugar a donde pueda tirar el rival en el momento del lanzamiento y cerrando más la zona de la pierna de golpeo del lanzador".

"El portero debe sacar al lado contrario desde el que recibió para bloquear el balón"

Sería mejor decir que "el portero deberá sacar donde haya compañeros, donde haya preestablecido el entrenador para el juego del equipo y facilitando la ventaja al compañero".

La especificidad del puesto del portero hace que necesite un entrenamiento determinado para mejorar y potenciar las habilidades propias de las funciones que lo diferencian del resto de sus compañeros.

Esta necesidad de tener que entrenar "aparte" hace que en muchas ocasiones los ejercicios o las tareas a desarrollar contengan muchos elementos "disociativos" del juego, se utilicen materiales innovadores y las tareas tengan un volumen de repeticiones apropiados para el control de la carga física, el periodo o el momento de trabajo.

Llama mucho la atención la capacidad de "invención" y la creatividad de los entrenadores de porteros para darles una amplia diversidad de ejercicios en pro de su desarrollo.

Hay gran variedad de recursos en la red, en libros y en fichas para realizar tareas de entrenamientos, pero todas ellas tienen un factor común: el portero sabe lo que tiene que hacer y sólo lo ejecuta, salvo que se trate de una tarea reducida en la que participe dentro del juego colectivo del equipo.

Las tendencias formativas y educativas y los estudios sobre el aprendizaje hacen cuestionar estos métodos. No me cabe la menor duda de que, si un entrenador coloca 5 balones en la frontal del área y tira a portería con cada uno de ellos, se producirá un aprendizaje en el individuo; de que, si hace una secuencia en una escalera de coordinación, después tiene que desviar un tiro cercano a la base del palo derecho y levantarse para parar un disparo desde el perfil opuesto, hará que exista una mejora en sus habilidades técnicas y coordinativas como portero pero... ¿esto hará que mejore su toma de decisión en los partidos?

Por muy bien que salga un portero a los balones de pases laterales, si no sabe elegir el momento de cuándo salir, cómo salir y si es la solución o lo mejor para su equipo, difícilmente tendrá transferencia al juego el entrenamiento del portero.

Las intervenciones de los porteros en los partidos no suelen tener una lectura matemática en cuanto a la toma de decisión:

- Cuándo salir del área y cuándo no.
- Cuándo blocar o despejar, rechazar, desviar, ...
- Con qué superficie despejar.
- Cuándo jugar en corto o en largo.
- A qué compañero pasar el balón.
- Cómo perfilar el cuerpo para estar preparado para la siguiente acción.
- ...

Las recetas para los jugadores, independientemente de la posición y el rol que desempeñen en el campo, no son útiles de manera generalizada. Lo que para un portero puede estar bien, para otro puede no servir por sus cualidades, por sus capacidades, incluso por las necesidades del juego colectivo de su equipo o por el desarrollo del estilo y, por consiguiente, del modelo de juego.

Colocar al portero en una simulación de la acción en la que se le explique al jugador en cuestión cómo o dónde tenía que haber ejecutado la acción se considera una pérdida de tiempo y de energías que no producirá ninguna mejora en el jugador ni en el equipo. Hay que darle un feedback rápido y conciso, seguir con lo siguiente y que él reflexione. Igualmente, después de un partido, poner a un jugador a hacer un alto número de repeticiones de la acción para la corrección de lo sucedido en busca de una mejora del juego colectivo sigue siendo poco útil. Las situaciones rutinarias se olvidan.

Se aprende equivocándonos, vivenciando distintas situaciones, lo importante no es que la acción esté bien ejecutada en cuanto a unos patrones de ejecución del gesto técnico (que es lo que queríamos), lo importante es que, cuando lo falle, tenga pronto otra oportunidad para poder hacerlo "bien" y aprenda del error.

Entonces, tenemos que preparar al portero para que sea capaz de resolver todas las acciones del juego.

Otra tendencia para corregir un error es aislarlo y trabajarlo de manera aislada y repetitiva para la mejora del rendimiento, pero la experiencia y el entendimiento del juego como una realidad única indisoluble hace pensar que nos acerca más al error porque no produce una mejora en el juego colectivo, produce una mejora de una acción aislada, que nunca más se volverá a repetir durante la vida deportiva del jugador.

Ha habido jugadores que tenían un mejor golpeo de balón "de rabona" que con la pierna no dominante y que en el desarrollo de un partido definían las acciones mejor (consiguiendo el objetivo) utilizando este recurso que ejecutando la acción con la pierna no dominante. Hay porteros que les cuesta más la caída hacia un lado que hacia otro. Los goles valen de igual manera si se meten con la punta del pie que con el interior del mismo. Cuantos más recursos manejen los jugadores y mayor posibilidad tengan de resolver las acciones con las que se encuentren en los partidos, más posibilidades tendrán de ser mejores y manejarán más recursos. Pero no tener un amplio abanico de soluciones no quiere decir que no puedan ser buenos jugadores o jugar al fútbol sala... simplemente, tendrán otras capacidades. Pero si tienen algún tipo de dificultad o alguna habilidad para realizar alguna acción y saben o tienen recursos para resolver las situaciones de manera favorable... ¿no sirven? ¿Son peores que otros que sí dominan todas las acciones técnicas a la perfección? Pero... ¿pueden tener mayor efectividad en las acciones utilizando "sus capacidades técnicas", sus características como porteros? Independientemente de que en formación deba mejorar y adquirir más y mejores recursos, el buen uso de los que tenga y ocultar sus carencias será el objetivo de los entrenadores para obtener "mayor rendimiento" (entendido el rendimiento como saber competir al mayor nivel posible con los recursos y con las capacidades de las que se dispongan).

Ahora bien... la especificidad del puesto y la relevante importancia que tienen durante un partido sus decisiones será un factor importante a la hora de valorar a un portero y de obtener rendimiento con sus intervenciones. Porque, además, sus intervenciones suelen ser menores que los otros jugadores durante los partidos y el porcentaje de acierto tiene que ser muy elevado debido a la trascendencia de las mismas. Entonces... ¿por qué entrenamos acciones en las que el portero no tiene que decidir nada y solo ha de ejecutar con destreza lo que se le pide?

Después de este análisis del puesto, de la importancia que tiene el portero en el desarrollo del juego, de conocer cómo aprenden los futbolistas y de saber de la complejidad del juego, no cabe otra posibilidad que reconducir la preparación del portero hacia la toma de decisión sin obviar la mejora de sus cualidades, pero teniendo en cuenta sus capacidades sin poner ningún tipo de límite.

El portero debe seleccionar los estímulos y poder centrar su atención en lo verdaderamente relevante durante el desarrollo del juego para poder actuar en el mismo tomando la mejor decisión. No es lo mismo que haya un jugador rival desmarcado cercano al área, que un jugador desmarcado lejano al área; que se desmarque un jugador y vuelva a estar marcado y el desmarcado pase a ser otro, que el jugador esté desmarcado pero de espaldas a la portería; que tenga que salir a achicar espacios con un compañero presionando al lanzador, que estando sólo bajo la portería…

Hay mucha variedad de posibilidades o situaciones que se pueden dar en un partido y no podemos preparar al portero para todas de manera aislada, pero sí para que sea capaz de centrar el foco en lo realmente importante y que pueda dar las respuestas adecuadas a los estímulos que le proponga el juego.

El portero ha de aprender a seleccionar los estímulos importantes que van a tener trascendencia en el juego y descartar los que no tendrán importancia en el desarrollo del mismo.

El foco de atención tiene que ponerlo en lo importante y ser selectivo, esa capacidad es importante para el desarrollo de los porteros.

Para desarrollar la neuroplasticidad se necesita de distintos tipos de memoria:

- Memoria declarativa: capacidad de recordar eventos, números, estímulos sensoriales y relatorios.
- Memoria de procedimiento: capacidad de ejecutar acciones motoras complejas aprendidas con anterioridad.

Los entrenadores tenemos que buscar desarrollar una inteligencia resolutiva en los porteros.

En algunas tareas la respuesta puede ser pasar... pero no es lo mismo "pasar con las manos" (enviar), pasar con los pies, que el compañero al que le va a pasar el balón esté marcado o desmarcado, que se desmarque de apoyo o de ruptura, que tenga varias opciones para pasar el balón, que dos compañeros se intenten desmarcar y sólo uno lo consiga ... En definitiva, tomar decisiones y ejecutarlas bien. Cuando hablemos de ejecutarlas bien, siempre hablaremos de que consigan su objetivo, no de que sigan un patrón estético o "de manual" como posible respuesta. Entre otras cosas porque, si analizamos a los grandes futbolistas, independientemente del puesto, tenían una forma singular de correr, de golpear el balón, de controlar... en definitiva, de resolver las acciones, que los hacía diferentes y a su vez los convertía en referentes.

Los errores son parte del proceso de aprendizaje, porque ayudarán al jugador a conocer el error y con el feedback y el cuestionamiento del entrenador podrá ir averiguando las respuestas adecuadas y a identificar los estímulos para dar la respuesta idónea que requiera el estímulo y la situación del juego. Las demostraciones subidas a un pedestal no ayudan a la mejora del jugador. Se aprende equivocándose y conociendo el error.

Sorprender al jugador y emocionarlo en el proceso de aprendizaje será clave para que este se lleve a cabo, generando condiciones favorables para que se produzca. ¿Quién no recuerda al profesor que un día entró con la guitarra en clase? ¿Y aquella excursión en la que vimos a un animal por primera vez? ¿Y esa canción en inglés que sonaba en un momento importante de nuestras vidas? ... ¿Y lo que aprendimos? *Recordamos y sabemos de los eventos novedosos, los que interrumpen la rutina* (Fabricio Ballarini).

Los estímulos e indicadores para poner en marcha la toma de decisión durante las tareas de entrenamiento del portero serán estímulos e indicadores propios del juego para identificarlos en cada momento y que se produzca un aprendizaje durante el entrenamiento del portero. Realizar una parada, envío o salida después de un estímulo auditivo (voz del entrenador, silbato...) o cualquier otro que no tenga que ver con lo que pueda pasar en un partido (mostrar un color, aviso del entrenador o de un compañero,...) nos ayudarán a realizar las tareas, pero no a utilizar con la destreza específica el medio o principio y a desarrollar el aprendizaje en el portero; con lo cual, los estímulos, indicadores o recursos utilizados tendrán transferencia al juego, podrán ser adaptados por el entrenador atendiendo a la realidad a la que los vaya a exponer y serán entrenamientos del juego y para la mejora del mismo.

SIMBOLOGÍA

Jugadores Equipo A	○
Jugadores Equipo B	●
Jugadores Equipo C	◍
Desplazamiento sin balón	— — — →
Control orientado	⌃→ ⌄→
Desplazamiento del balón	——→
Conducción del balón	⋀⋁⋀⋁→
Desplazamiento del balón por alto	⌒→
Tiro a puerta	⟹
Balón	⚽

NEUROCIENCIA APLICADA AL PORTERO EN FÚTBOL SALA

50

TAREAS PARA SU ENTRENAMIENTO

Tarea N° 1	Objetivo Principal	Mejora de la toma de decisión sin balón
	jugadores	5

Explicación

Un portero en el cuadrado y los otros cuatro jugadores situados como en la imagen, tirarán el balón al cuadrado de manera aleatoria y el portero lo recepcionará.

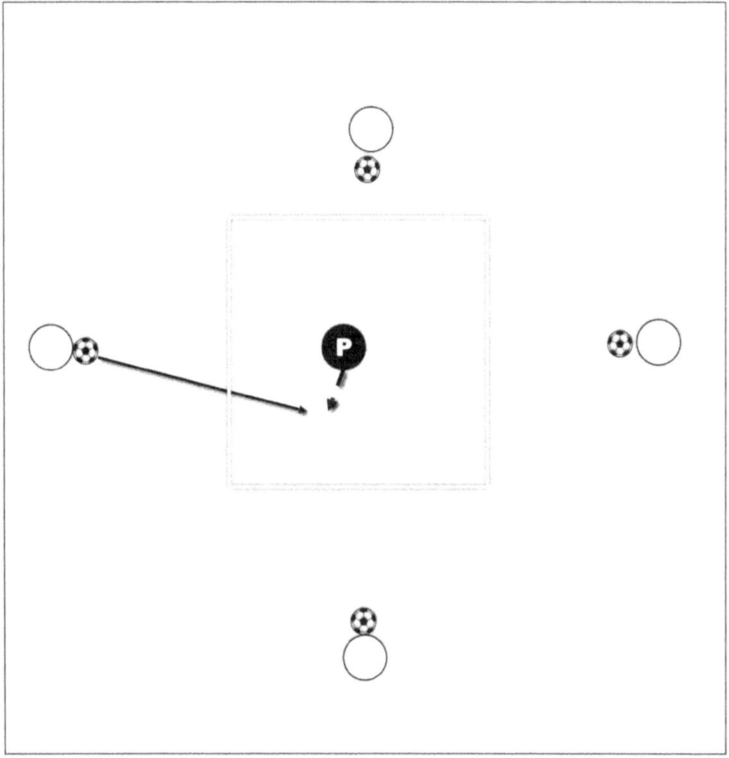

Tarea N° 2	Objetivo Principal	Mejora de la toma de decisión sin balón
	jugadores	5

Explicación

Un portero en el cuadrado y los otros cuatro jugadores situados como en la imagen dominando el balón sin que se les caiga al suelo, tirarán el balón al cuadrado de manera aleatoria de uno en uno y el portero lo recepcionará.

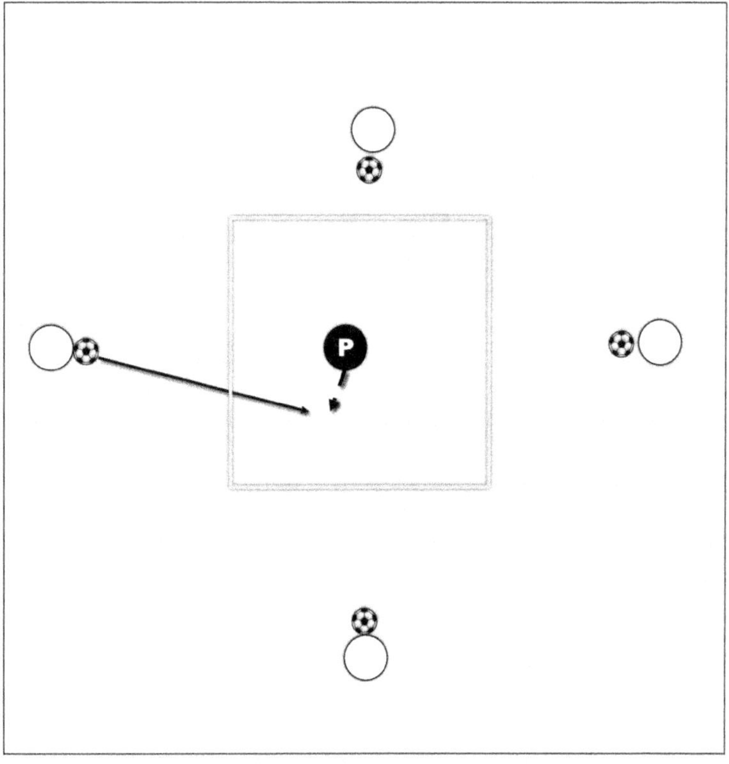

Tarea N° 3	Objetivo Principal	Mejora de la toma de decisión sin balón
	jugadores	5

Explicación

Un portero en el cuadrado y los otros cuatro jugadores situados como en la imagen. Los jugadores se pasan el balón entre ellos hasta que uno, de manera aleatoria, tira el balón al cuadrado y el portero lo recepcionará.

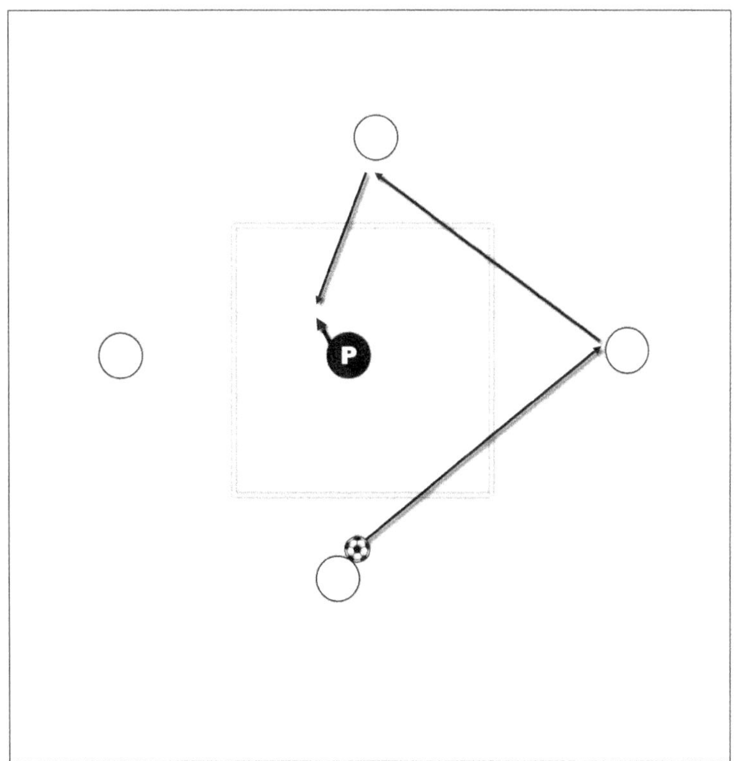

Tarea N° 4	Objetivo Principal	Mejora de la toma de decisión sin balón
	jugadores	5

Explicación

Un portero en el cuadrado y los otros cuatro jugadores situados como en la imagen. Los jugadores se pasan el balón entre ellos y el portero intenta interceptar o anticipar el balón.

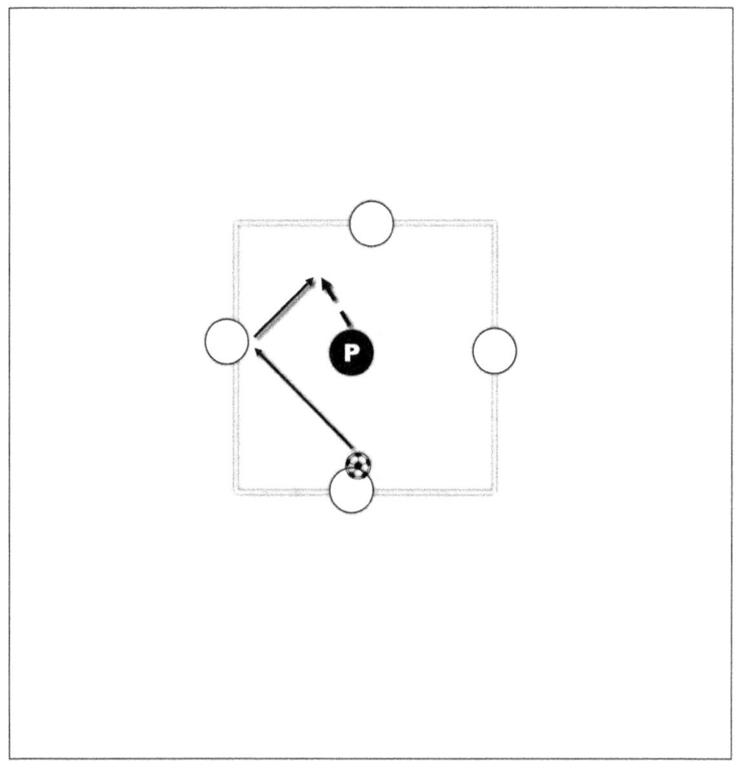

Tarea N° 5	Objetivo Principal	Mejora de la toma de decisión sin balón
	jugadores	5

Explicación

Un portero en el cuadrado y los otros cuatro jugadores situados como en la imagen. Los jugadores intentarán atravesar de uno en uno el cuadrado de lado a lado y el portero tendrá que intentar anticipar la conducción para que no puedan atravesar.

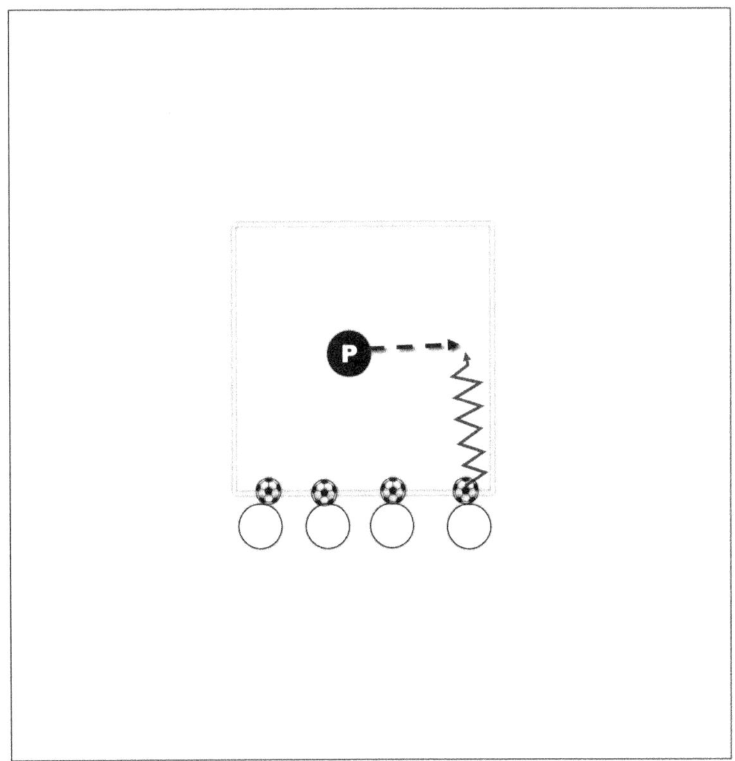

Tarea N° 6	Objetivo Principal	Mejora de la toma de decisión sin balón
	jugadores	5

Explicación

Un portero en el cuadrado y los otros cuatro jugadores situados como en la imagen. Los jugadores intentarán atravesar de uno en uno el cuadrado de lado a lado (de manera aleatoria) y el portero tendrá que intentar anticipar la conducción para que no puedan atravesar.

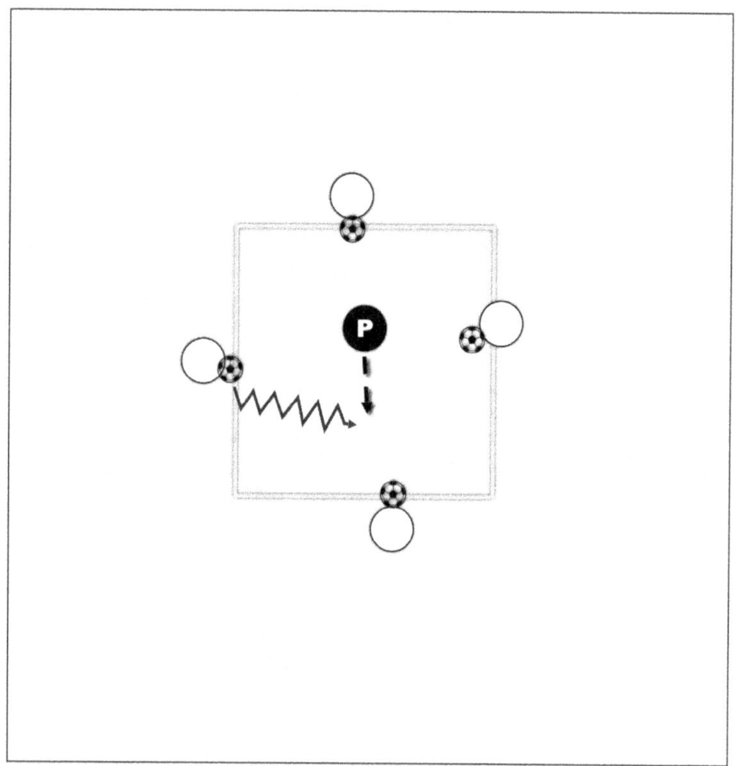

Tarea N° 7	Objetivo Principal	Mejora de la toma de decisión sin balón
	jugadores	5

Explicación

Un portero en el cuadrado y los otros cuatro jugadores situados como en la imagen. Los jugadores intentarán pasarse el balón de lado a lado y el portero tendrá que intentar interceptar o anticipar el balón.

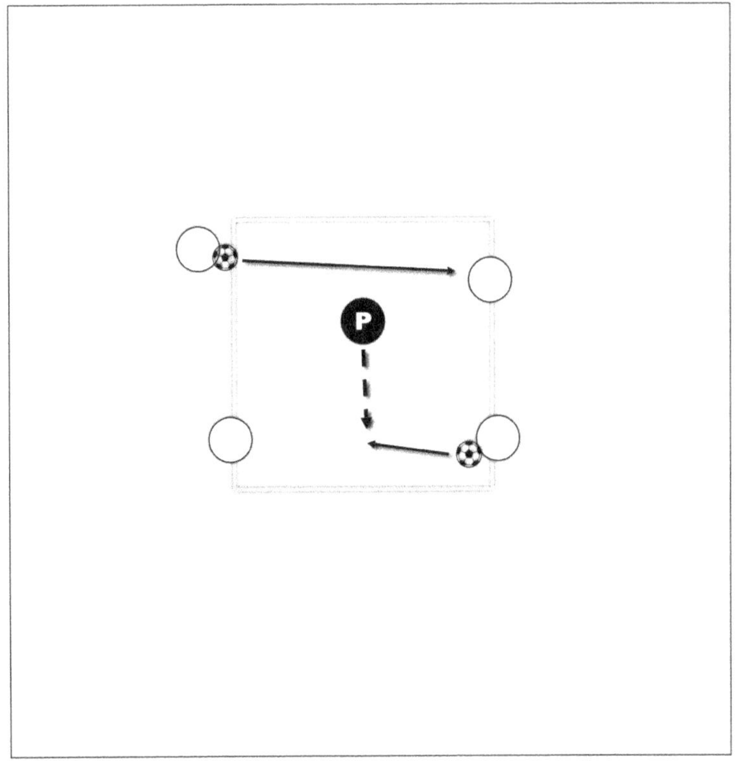

Tarea N° 8	Objetivo Principal	Mejora de la toma de decisión sin balón
	jugadores	5

Explicación

Un portero en el cuadrado y los otros cuatro jugadores situados como en la imagen. Los jugadores intentarán pasarse el balón por el aire de lado a lado y el portero tendrá que intentar anticipar o interceptar el balón.

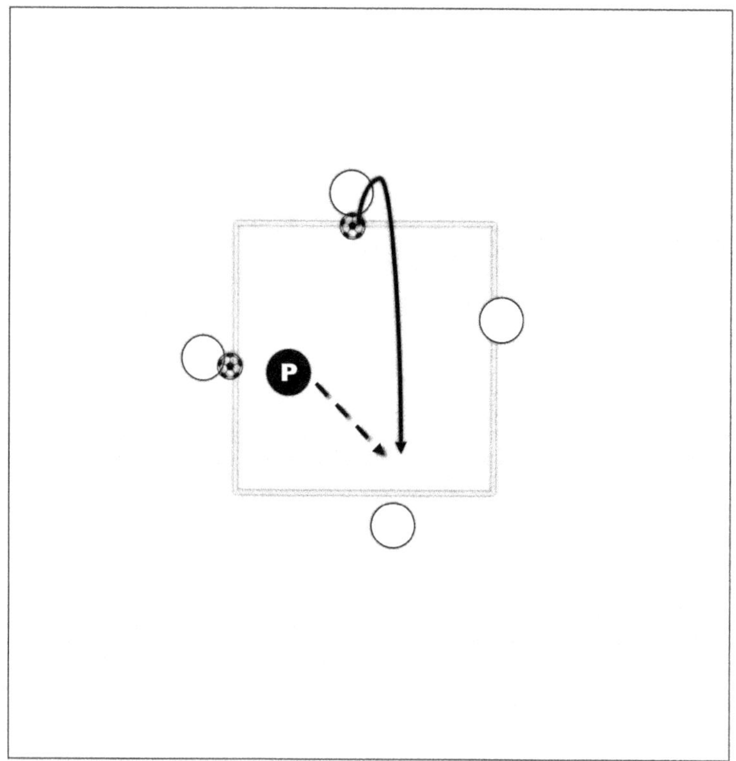

Tarea N° 9	Objetivo Principal	Mejora de la toma de decisión sin balón
	Jugadores	5

Explicación

Los jugadores distribuidos como en la imagen, tras los conos o siluetas cuando les pasan el balón los porteros, salen hacia el balón para finalizar. El jugador del centro irá hacia uno u otro a disputar el balón para tirar a portería. Los porteros tendrán que evitar el gol.

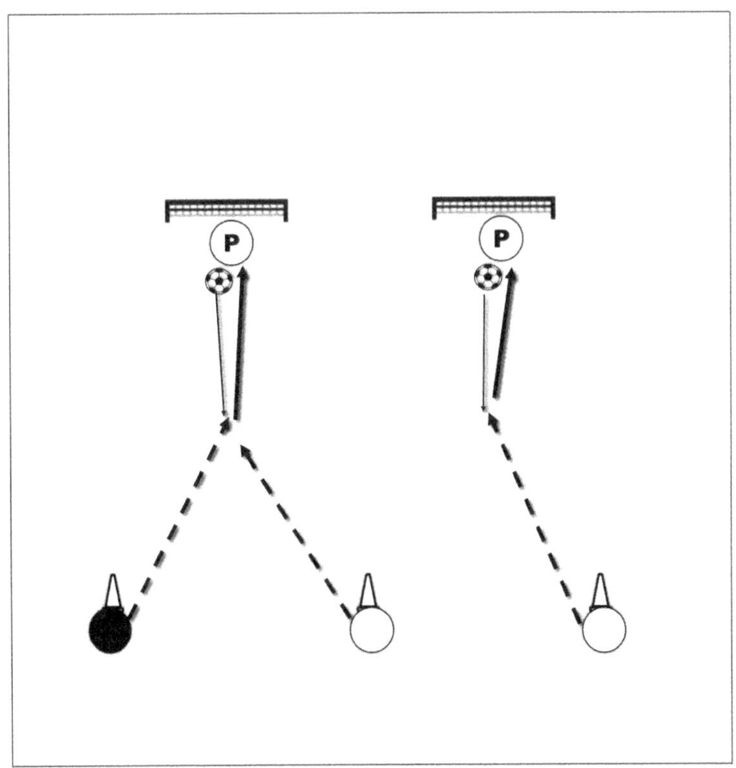

Tarea Nº 10	Objetivo Principal	Mejora de la toma de decisión sin balón
	Jugadores	6

Explicación

Los jugadores distribuidos cómo en la imagen. Los porteros sacan y los jugadores que defienden (blanco) podrán salir indistintamente hacia uno u otro jugador, cambiando en cada jugada sin que se sepa a cual van a presionar el tiro. Los porteros tendrán que evitar el gol.

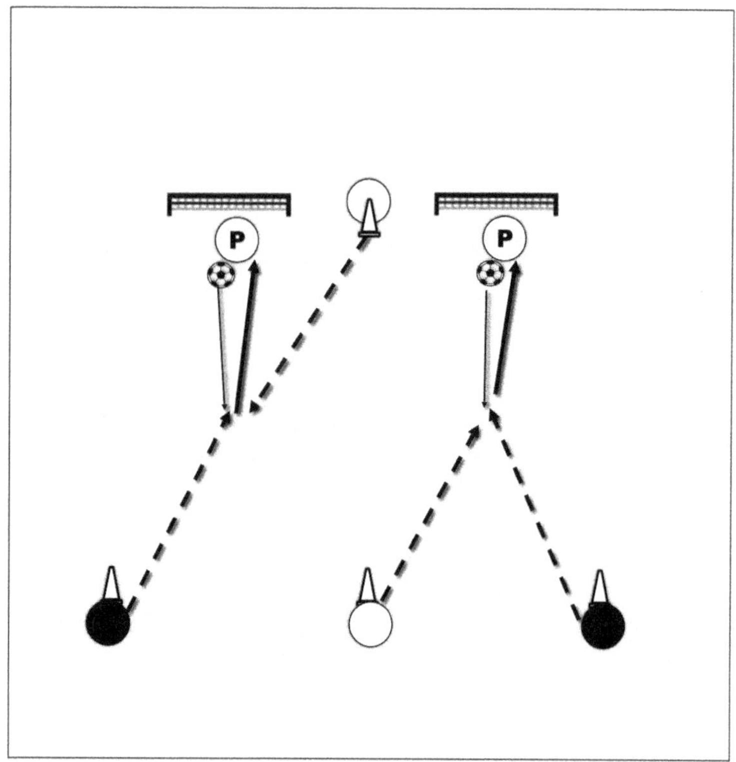

Tarea N° 11	Objetivo Principal	Mejora de la toma de decisión sin balón
	Jugadores	6

Explicación

Los jugadores distribuidos cómo en la imagen. Los porteros sacan y los jugadores que defienden (blanco), podrán salir indistintamente hacia uno u otro jugador, cambiando en cada jugada sin que se sepa a cual van a presionar el tiro y cuantos lo harán. Los porteros tendrán que evitar el gol.

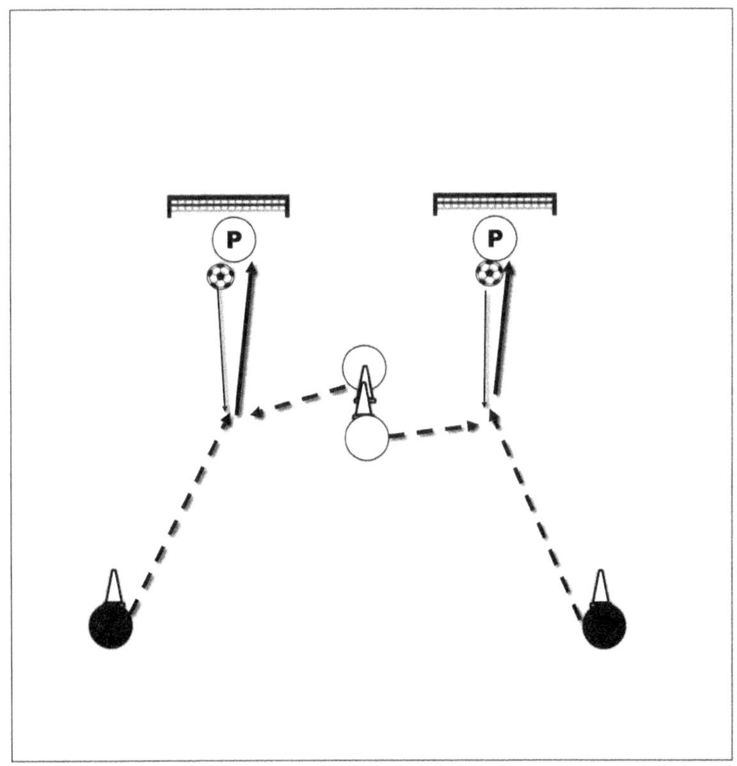

Tarea Nº 12	Objetivo Principal	Mejora de la toma de decisión sin balón
	Jugadores	7

Explicación

Los jugadores distribuidos cómo en la imagen. Los porteros sacan y los jugadores que defienden (blanco), podrán salir indistintamente hacia uno u otro jugador, cambiando en cada jugada sin que se sepa a cual van a presionar el tiro y cuantos lo harán. Los porteros tendrán que evitar el gol.

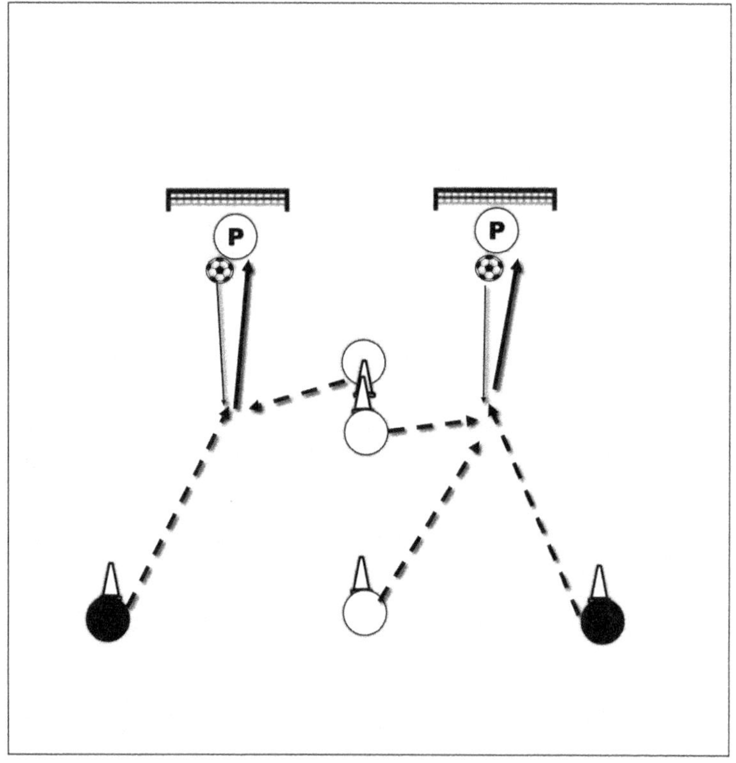

Tarea N° 13	Objetivo Principal	Mejora de la toma de decisión sin balón
	Jugadores	6

Explicación

Los jugadores distribuidos cómo en la imagen. Los porteros sacan y los jugadores que defienden (blanco) y atacan(negro) podrán salir de manera aleatoria, cambiando en cada jugada sin que se sepa quienes y cuantos lo harán. El portero tendrá que evitar el gol.

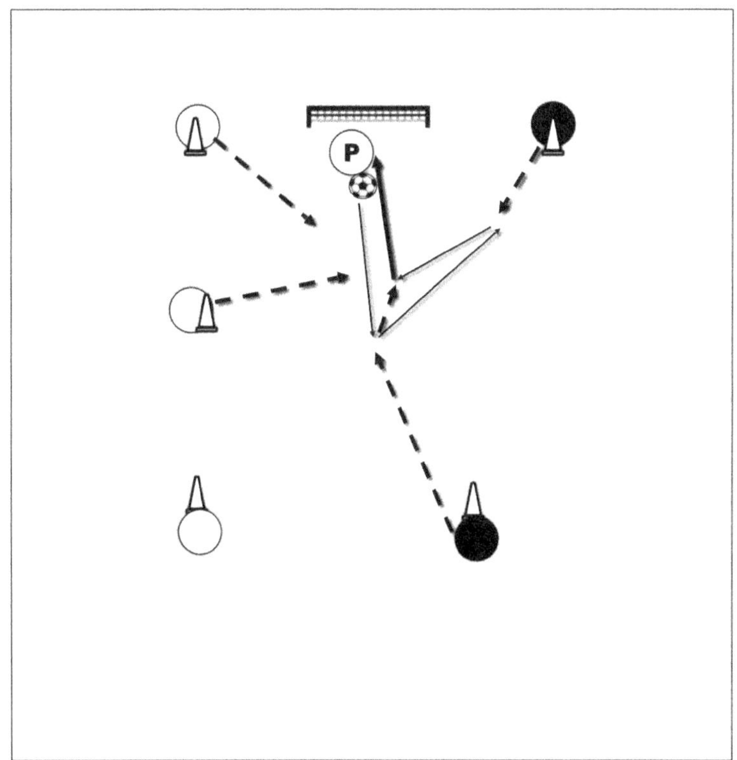

Tarea N° 14	Objetivo Principal	Mejora de la toma de decisión sin balón
	Jugadores	6

Explicación

El jugador del cuadrado pasa el balón al jugador que se adelantará al contrario (este no podrá reaccionar hasta que no lo vea) que le presionará para que no pueda tirar a portería junto con el compañero o los compañeros que entren a participar en la acción (de manera aleatoria) y, si lo considera, podrá apoyarse en el compañero que le pasó el balón para tirar a portería. El portero tendrá que evitar el gol.

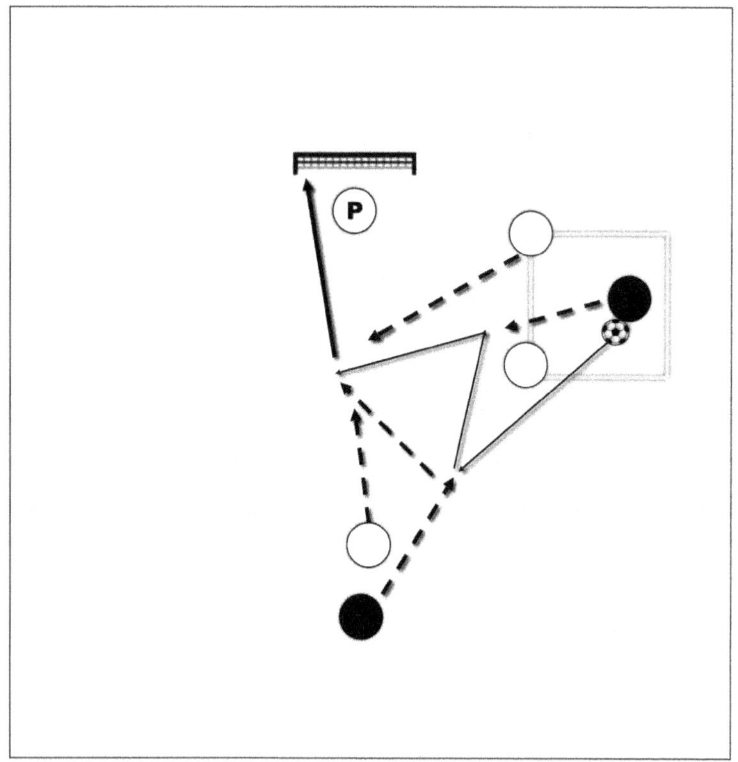

Tarea N° 15	Objetivo Principal	Mejora de la toma de decisión sin balón
	jugadores	5

Explicación

Los jugadores colocados como en la imagen, el equipo blanco pasará el balón entre ellos por dentro del cuadrado, cuando un jugador del equipo blanco decida atacar, entrará un compañero y el portero tendrán que defender con su compañero a los dos rivales. Los jugadores que entran a atacar irán variando de manera aleatoria.

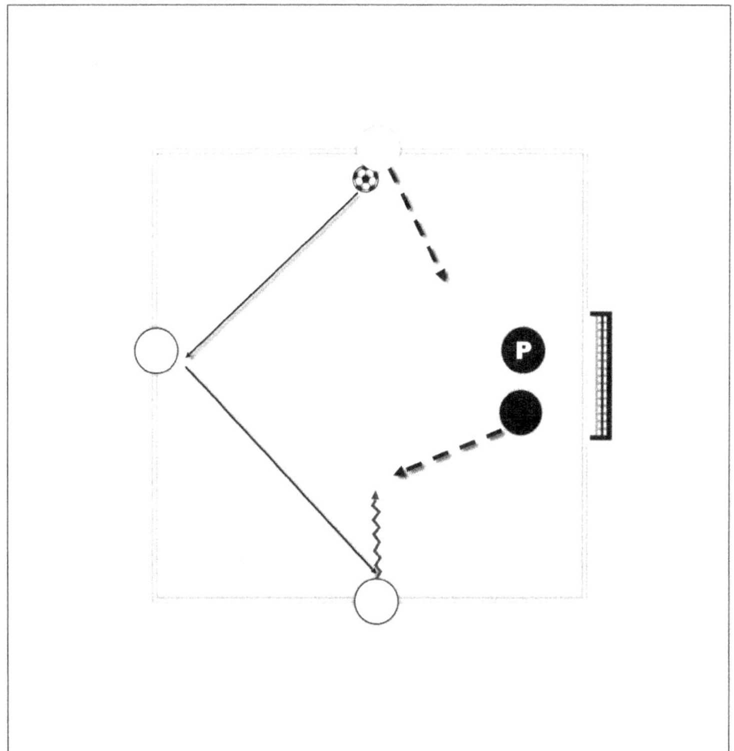

Tarea N° 16	Objetivo Principal	Mejora de la toma de decisión sin balón
	jugadores	7

Explicación

Los jugadores colocados como en la imagen, el equipo negro pasará el balón entre ellos por dentro del cuadrado, cuando un jugador del equipo blanco intercepte entrarán a atacar y el equipo negro a defender alternado la posición de los jugadores y el número que intervienen en cada acción (de manera aleatoria coordinada con el entrenador sin que la conozca el portero).

El portero intentará evitar el gol.

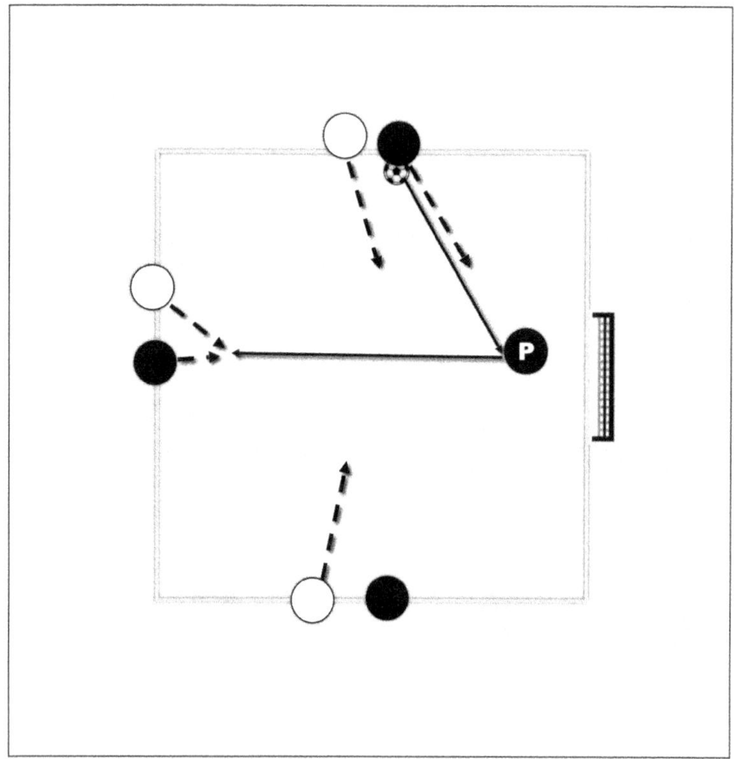

Tarea Nº 17	Objetivo Principal	Mejora de la toma de decisión sin balón
	jugadores	5

Explicación

Los jugadores colocados como en la imagen, el equipo blanco pasará el balón entre ellos por dentro del cuadrado, cuando un jugador del equipo blanco decida atacar, entrará uno de los dos compañeros y el portero tendrá que defender con su compañero a los dos rivales. Los jugadores que entran a defender irán variando de manera aleatoria.

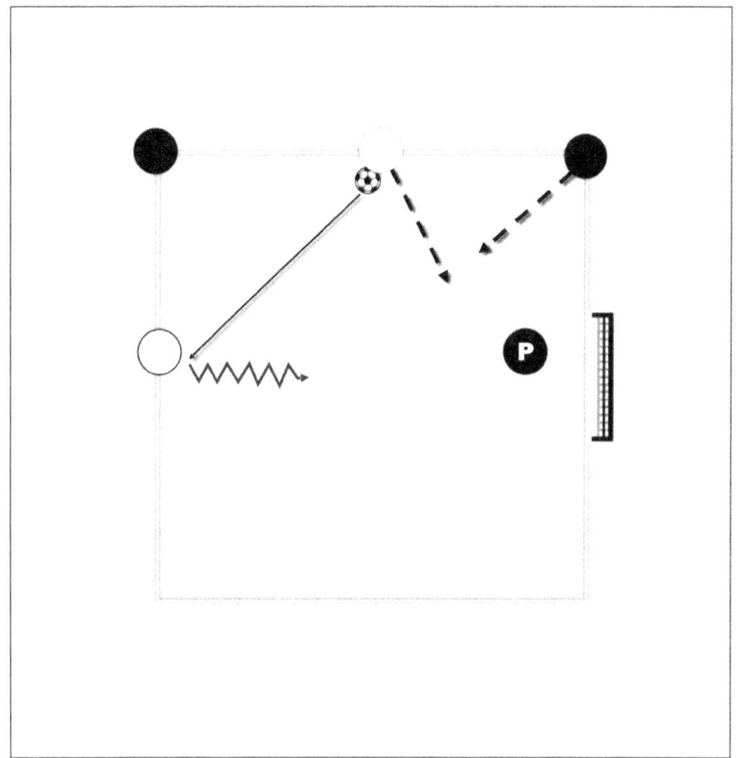

Tarea N° 18	Objetivo Principal	Mejora de la toma de decisión sin balón
	Jugadores	7

Explicación

Los jugadores distribuidos como en la imagen. El jugador del centro pasará con el más alejado de la portería y cuando los jugadores del otro quipo entren a presionar pasarán a uno de los compañeros (que se desmarcará) para atacar. Irán alternando los jugadores que entran para atacar en cada acción de manera aleatoria y el portero intentará evitar el gol.

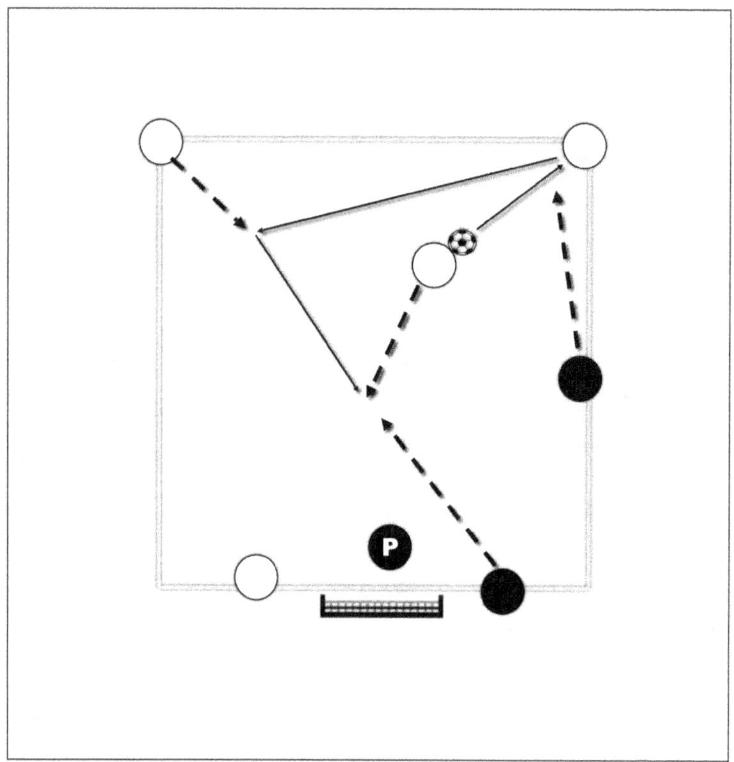

Tarea N° 19	Objetivo Principal	Mejora de la toma de decisión sin balón
	Jugadores	7

Explicación

Los jugadores en la disposición de la imagen. Dos jugadores se pasan el balón hasta que roba un jugador del equipo contrario para iniciar el ataque. Cuando roba se incorporan 2 de los 3 jugadores rivales al remate y el portero tendrá que intervenir para evitar el gol.

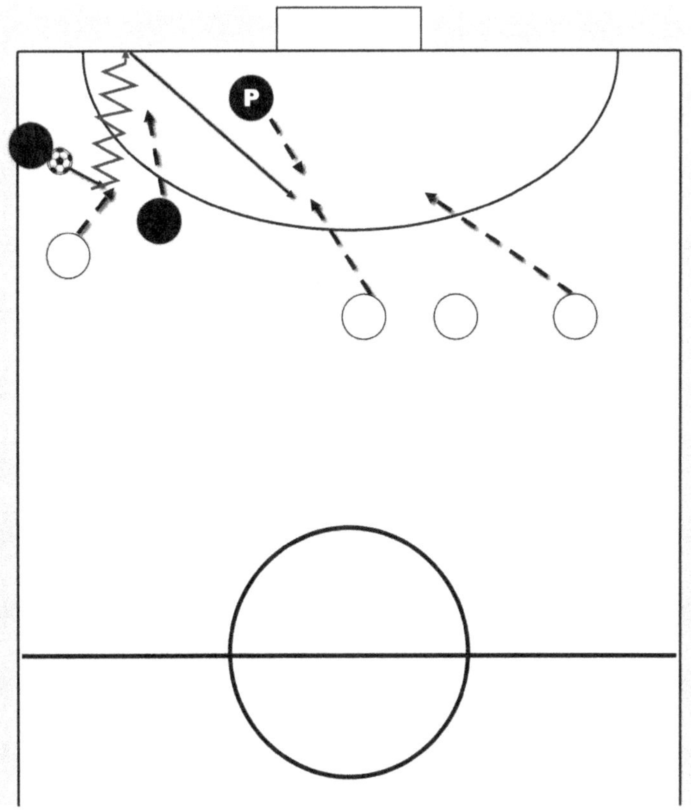

Tarea N° 20	Objetivo Principal	Mejora de la toma de decisión sin balón
	Jugadores	7

Explicación

Los jugadores en la disposición de la imagen. Dos jugadores se pasan el balón hasta que roba un jugador del equipo contrario para iniciar el ataque. Cuando roba se incorporan los dos jugadores rivales, el defensor se incorporará con uno de ellos y el portero tendrá que intervenir para evitar el gol.

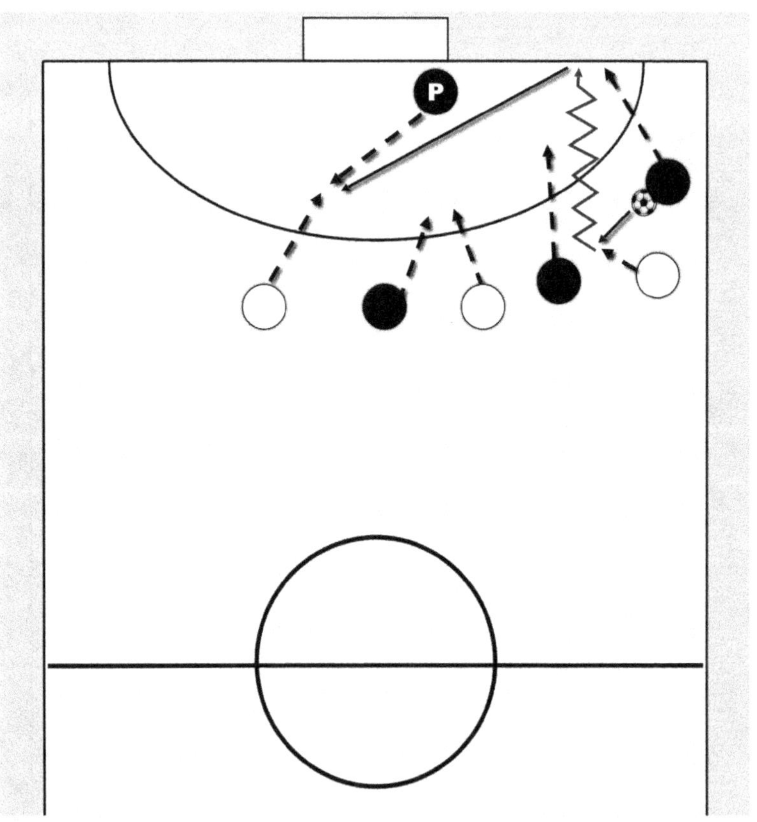

Tarea N° 21	Objetivo Principal	Mejora de la toma de decisión sin balón
	Jugadores	5

Explicación

Un jugador rival (blanco) se desmarcará (de manera aleatoria coordinada por el entrenador) del cono o silueta para recibir, el portero tendrá que acosarlo para que desista de tirar a portería cuando reciba el balón y lo devuelva al que se lo pasó.

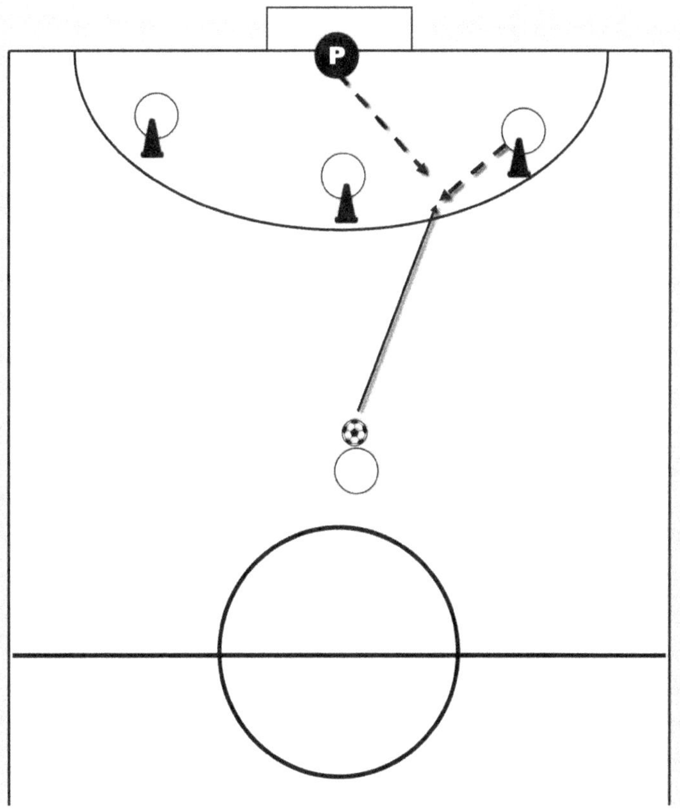

Tarea N° 22	Objetivo Principal	Mejora de la toma de decisión sin balón
	Jugadores	5

Explicación

Dos jugadores rivales (blanco) se desmarcarán del cono o silueta de manera aleatoria para recibir, el portero tendrá que acosar al que reciba para que desista de tirar a portería cuando reciba el balón y lo devuelva al que se lo pasó.

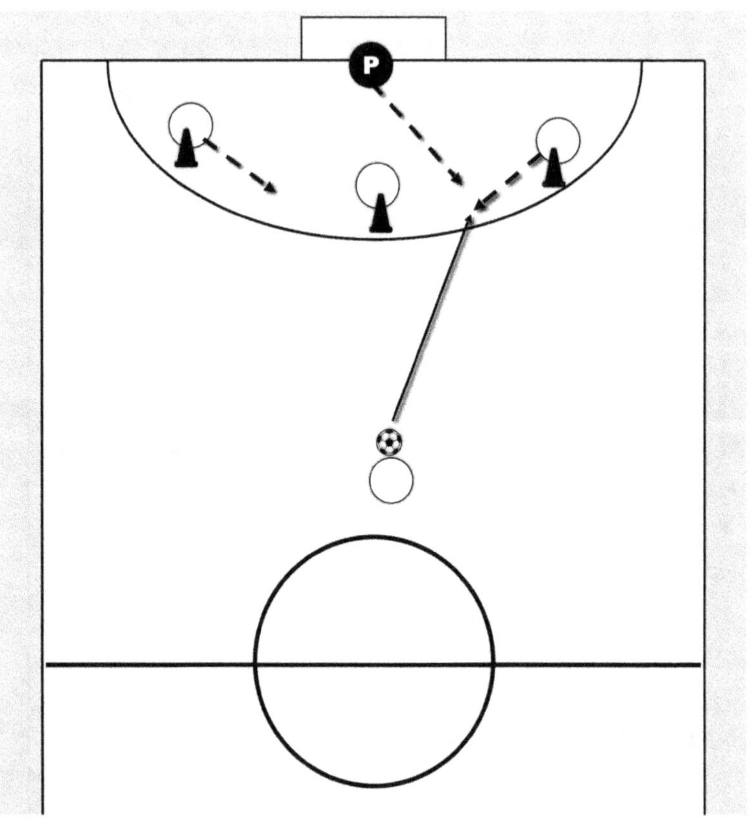

Tarea N° 23	Objetivo Principal	Mejora de la toma de decisión sin balón
	Jugadores	5

Explicación

Los jugadores distribuidos como en la imagen. El jugador con balón conducirá hasta línea de fondo y de manera aleatoria, los otros jugadores se dirigirán los atacantes al remate, el defensor marcará a uno de ellos, dejando a uno libre. El portero intentará solucionar la situación de peligro para evitar el gol.

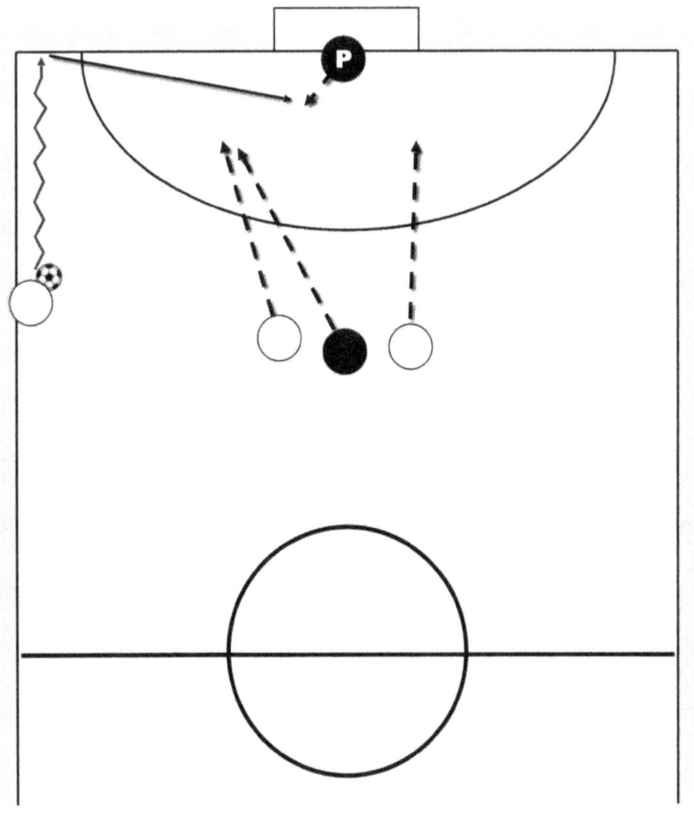

Tarea N° 24	Objetivo Principal	Mejora de la toma de decisión sin balón
	Jugadores	5

Explicación

El jugador más retrasado (equipo blanco) pasará a uno de los jugadores abiertos para atacar y el jugador defensor unas veces irá a defender y otras no. El jugador al que no le pasa el balón unas veces irá y otras no irá a acompañar el ataque. El portero tendrá que decidir como va respondiendo en cada situación para evitar el gol.

Tarea N° 25	Objetivo Principal	Mejora de la toma de decisión sin balón
	Jugadores	5

Explicación

Los jugadores del equipo blanco se pasarán el balón entre ellos y decidirán cuando atacar. El número de jugadores que ataquen irá variando de manera aleatoria. El jugador defensor, habrá veces que participe en la defensa y otras no. El portero tendrá que decidir como va respondiendo en cada situación para evitar el gol.

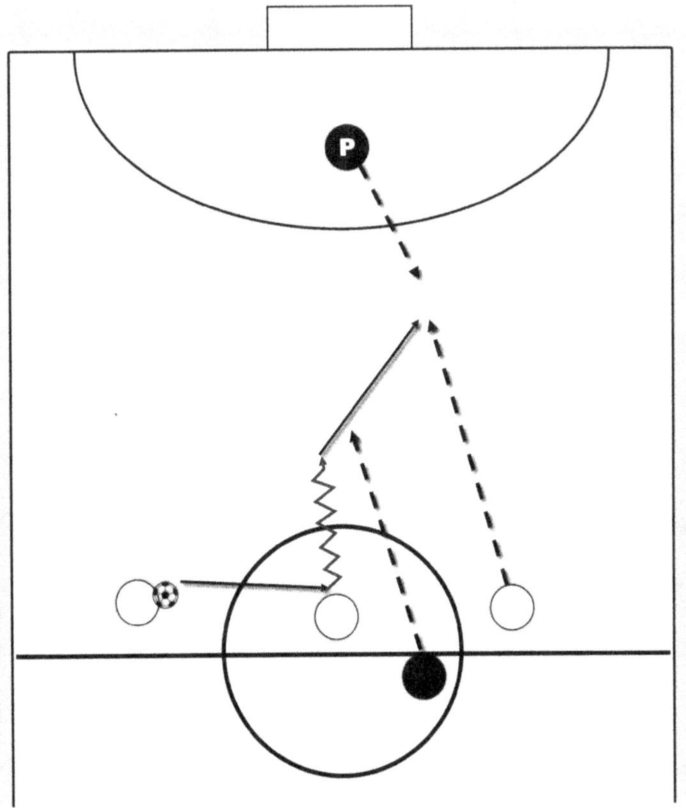

Tarea N° 26	Objetivo Principal	Mejora de la toma de decisión sin balón
	Jugadores	5

Explicación

El jugador mas retrasado pasará en profundidad a uno de los jugadores de manera aleatorio. En cada acción pueden salir o no compañeros para acompañar y definir la jugada. El portero tendrá que resolver la situación para evitar el gol.

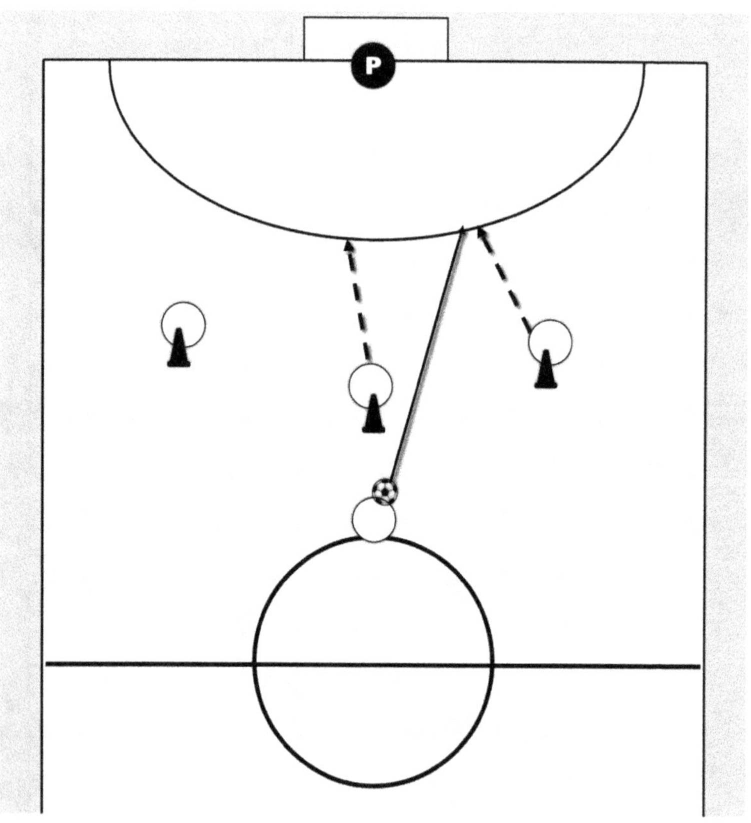

Tarea N° 27	Objetivo Principal	Mejora de la toma de decisión sin balón
	Jugadores	5

Explicación

El jugador mas retrasado pasará a uno de los jugadores de manera aleatorio para definir la jugada. El portero tendrá que resolver la situación. Sólo participará al que le pasen el balón.

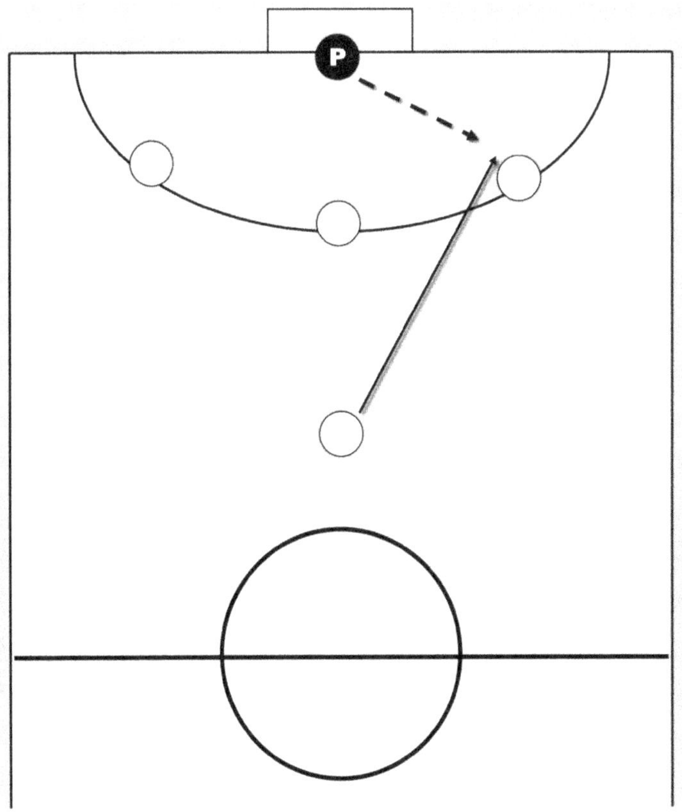

Tarea N° 28	Objetivo Principal	Mejora de la toma de decisión sin balón
	jugadores	5

Explicación

Los jugadores situados como en la imagen se pasarán el balón y el portero se irá perfilando hasta que un jugador tire a portería e intentará evitar el gol.

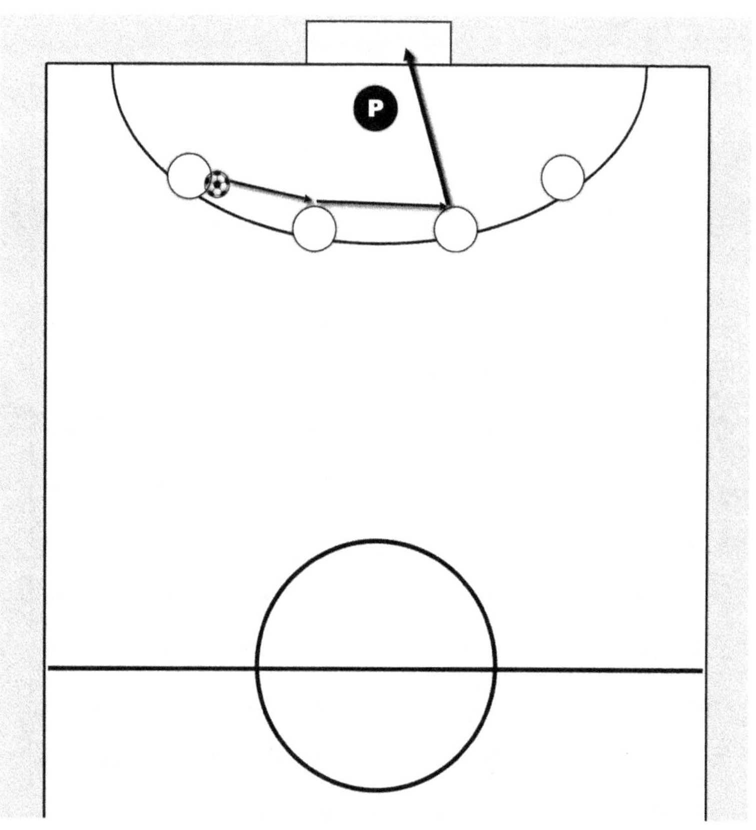

Tarea Nº 29	Objetivo Principal	Mejora de la toma de decisión sin balón
	jugadores	5

Explicación

Los jugadores en los vértices se pasarán el balón. El portero se irá perfilando hasta que un jugador (de manera aleatoria) tire a portería e intentará evitar el gol.

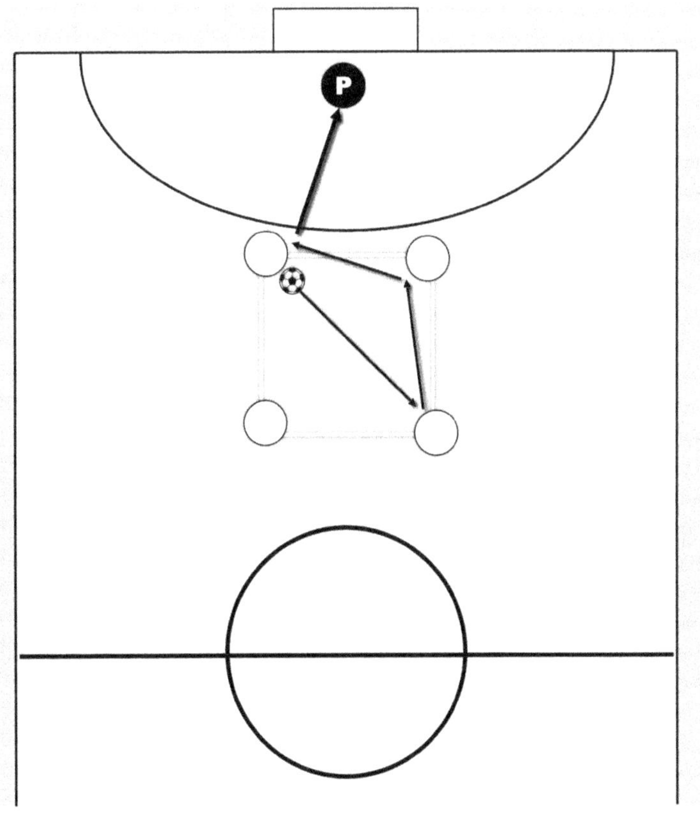

Tarea N° 30	Objetivo Principal	Mejora de la toma de decisión sin balón
	jugadores	5

Explicación

Los jugadores del rectángulo se moverán con libertad por dentro y se pasarán el balón entre ellos. El portero se irá perfilando hasta que un jugador tire a portería e intentará evitar el gol. Los demás jugadores acudirán al posible rechace.

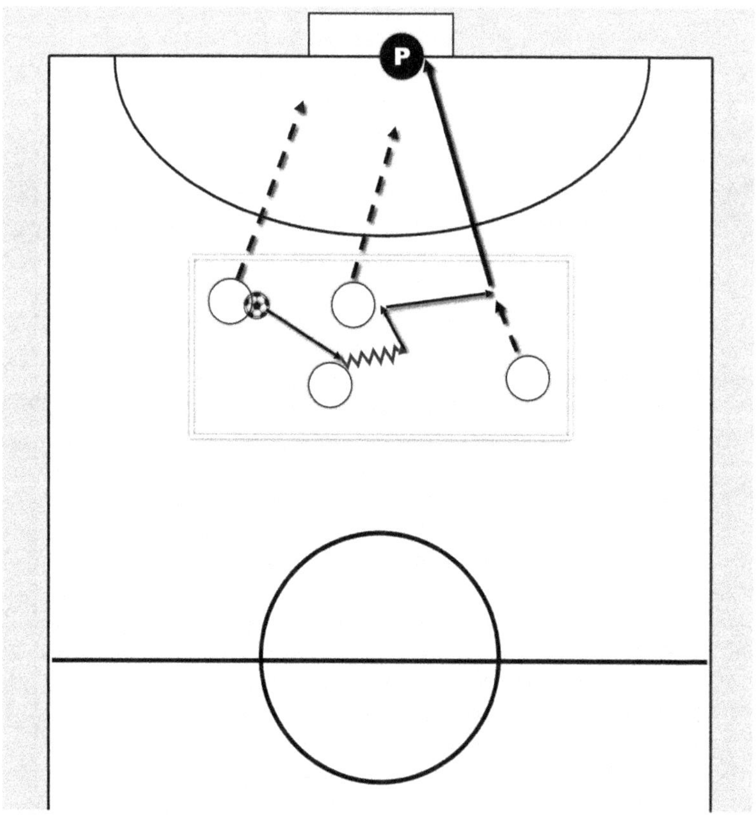

Tarea N° 31	Objetivo Principal	Mejora del la toma de decisión sin balón
	jugadores	5

Explicación

Los jugadores situados como en la imagen. El jugador mas retrasado (blanco) pasará a uno de los jugadores y el defensor se irá a defender a uno de ellos. El portero resolverá la situación para evitar el gol.

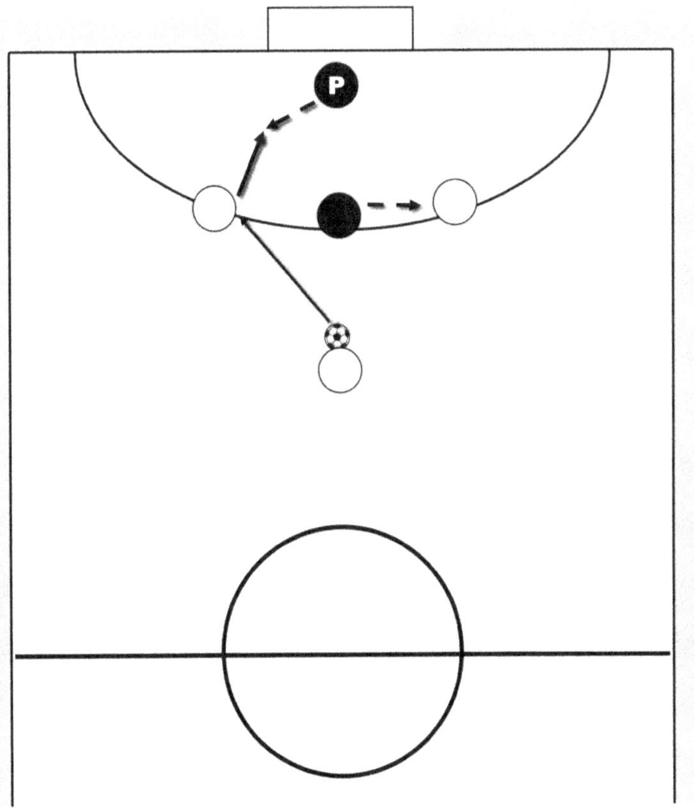

Tarea N° 32	Objetivo Principal	Mejora de la toma de decisión sin balón
	jugadores	6

Explicación

Los jugadores situados como en la imagen. El jugador mas retrasado (blanco) pasará a uno de los jugadores y un defensor de manera aleatoria irá a defender a uno de ellos. El portero resolverá la situación para evitar el gol.

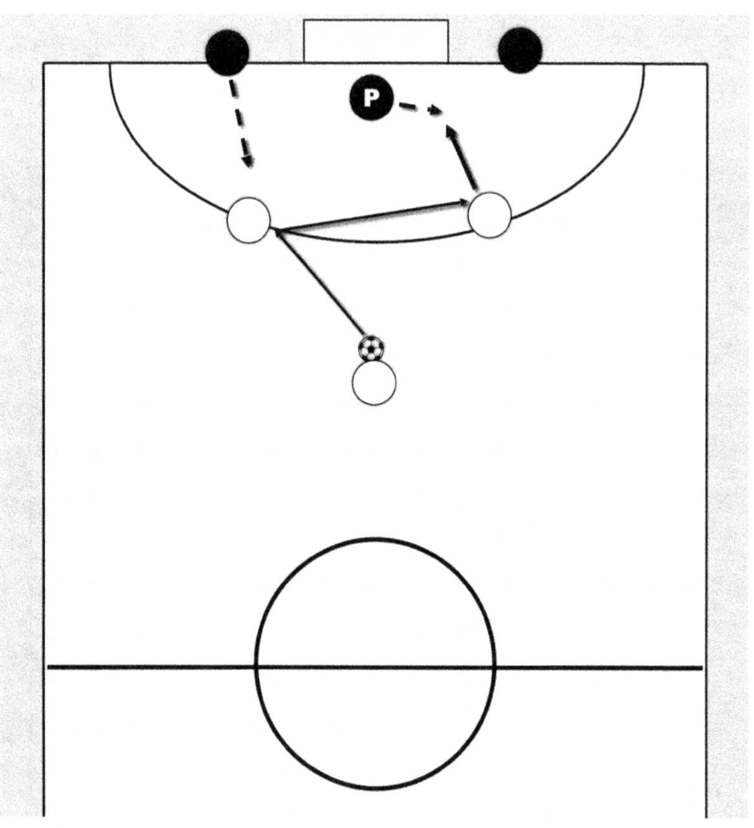

Tarea N° 33	Objetivo Principal	Mejora de la toma de decisión sin balón
	jugadores	5

Explicación

Los jugadores situados como en la imagen. El jugador mas retrasado pasará a uno de los jugadores en profundidad de manera aleatoria y los compañeros pueden acompañar o no para atacar de manera aleatoria. El portero resolverá la situación para evitar el gol.

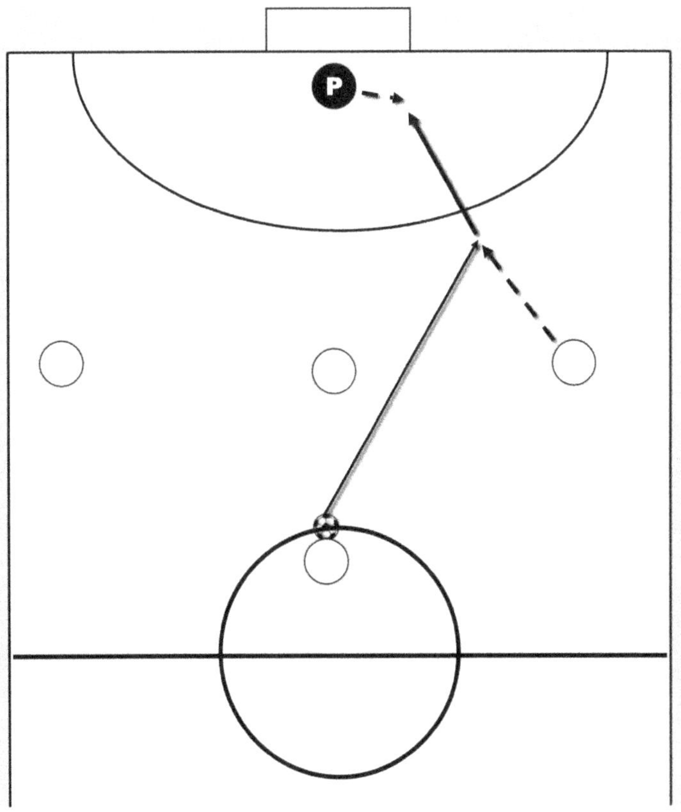

Tarea N° 34	Objetivo Principal	Mejora de la toma de decisión sin balón
	jugadores	5

Explicación

Los jugadores situados como en la imagen. El jugador mas retrasado pasará a uno de los jugadores y el defensor se irá a defender a uno de ellos. El portero resolverá la situación para evitar el gol.

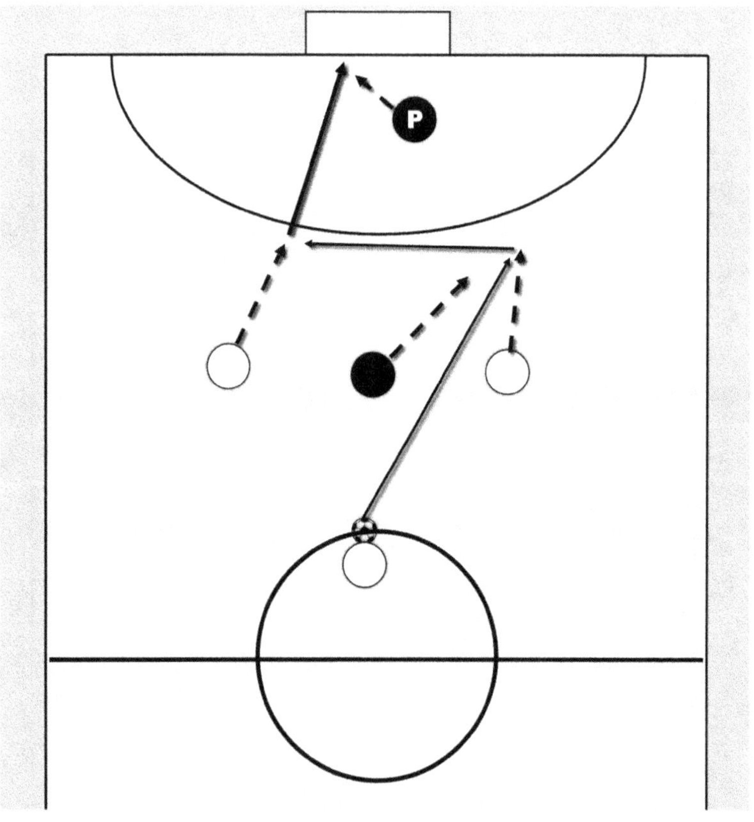

Tarea Nº 35	Objetivo Principal	Mejora de la toma de decisión sin balón
	jugadores	5

Explicación

Los jugadores situados como en la imagen. Saldrán conduciendo tres jugadores hacia la portería y de manera aleatoria (siempre coordinado por el entrenador) dos lanzarán fuera de la portería y sólo uno tirará a portería. El portero identificará el tiro que irá a portería e intentará evitar el gol.

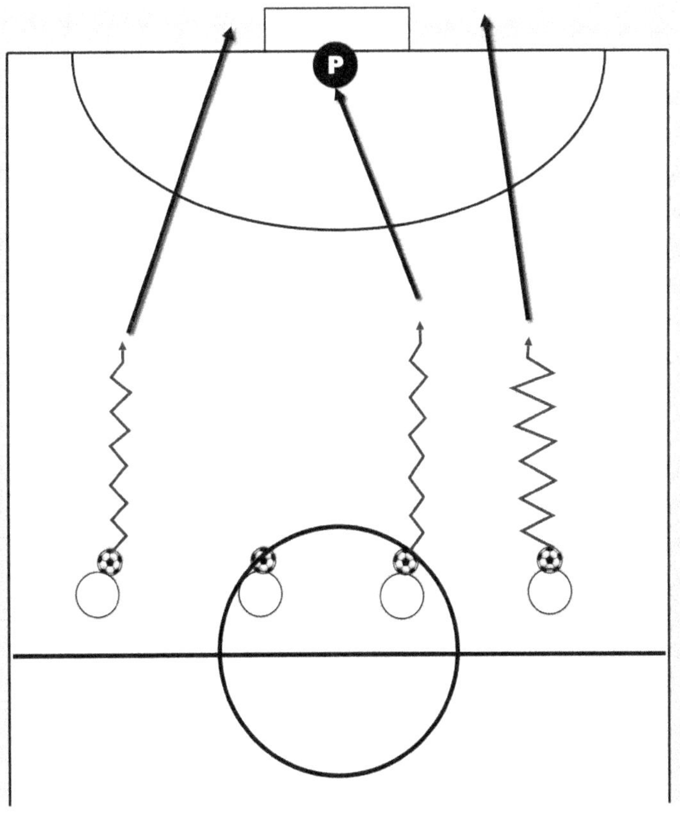

Tarea N° 36	Objetivo Principal	Mejora de la toma de decisión sin balón
	jugadores	5

Explicación

Los jugadores situados como en la imagen. Los jugadores con balón saldrán conduciendo hacia la portería de uno en uno y de manera aleatoria (siempre coordinado por el entrenador). Conforme vayan tirando a portería ocuparán zonas de rechace (distintas en cada ocasión) para obstaculizar la visión del portero y recoger los rechaces. El portero intentará evitar el gol y si rechaza, tener en cuenta la posición de los rivales para evitar el peligro.

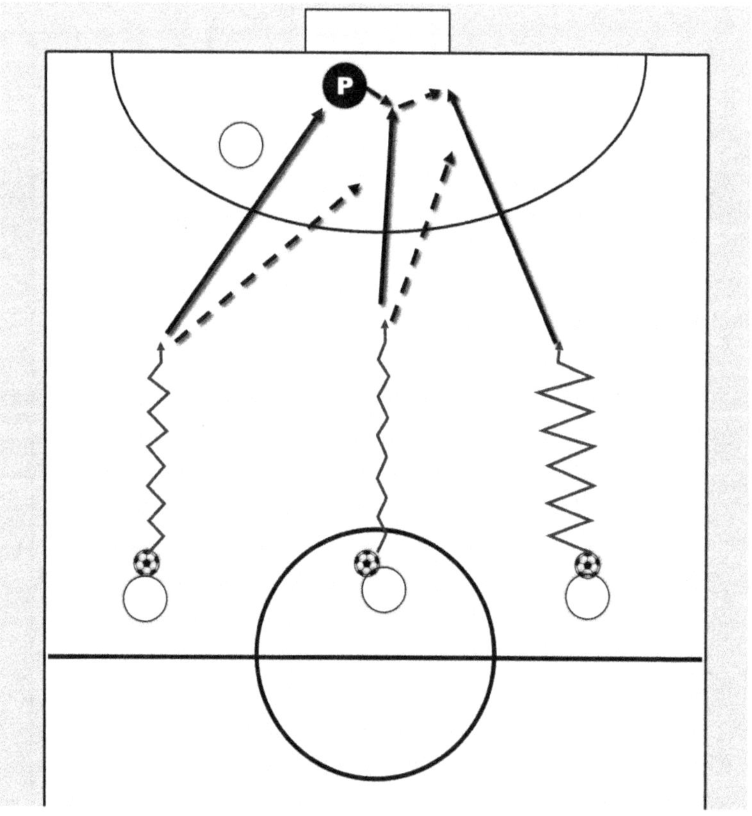

Tarea N° 37	Objetivo Principal	Mejora de la toma de decisión sin balón
	jugadores	5

Explicación

Los jugadores situados como en la imagen. Saldrán conduciendo de uno en uno hacia la portería y de manera aleatoria (siempre coordinado por el entrenador). Conforme vayan tirando a portería ocuparán zonas de rechace (distintas en cada ocasión) para obstaculizar la visión del portero y recoger los rechaces junto con el defensor. El portero intentará evitar el gol y si rechaza, tener en cuenta la posición de los rivales y del compañero para evitar el peligro.

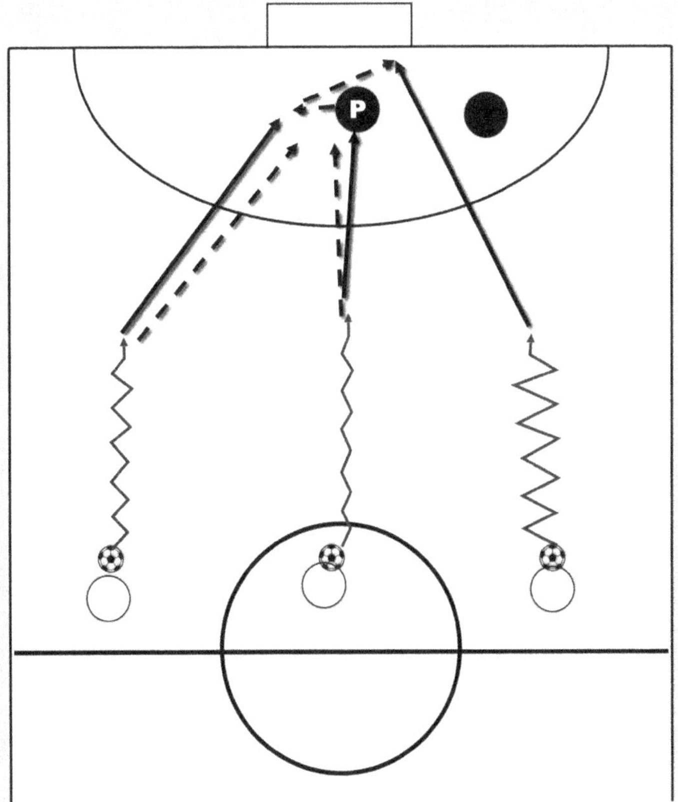

Tarea N° 38	Objetivo Principal	Mejora de la toma de decisión con balón
	jugadores	6

Explicación

Un portero en el cuadrado y los compañeros fuera estarán en superioridad numérica. El portero tendrá que realizar un envío al compañero que quede libre y pueda recibir.

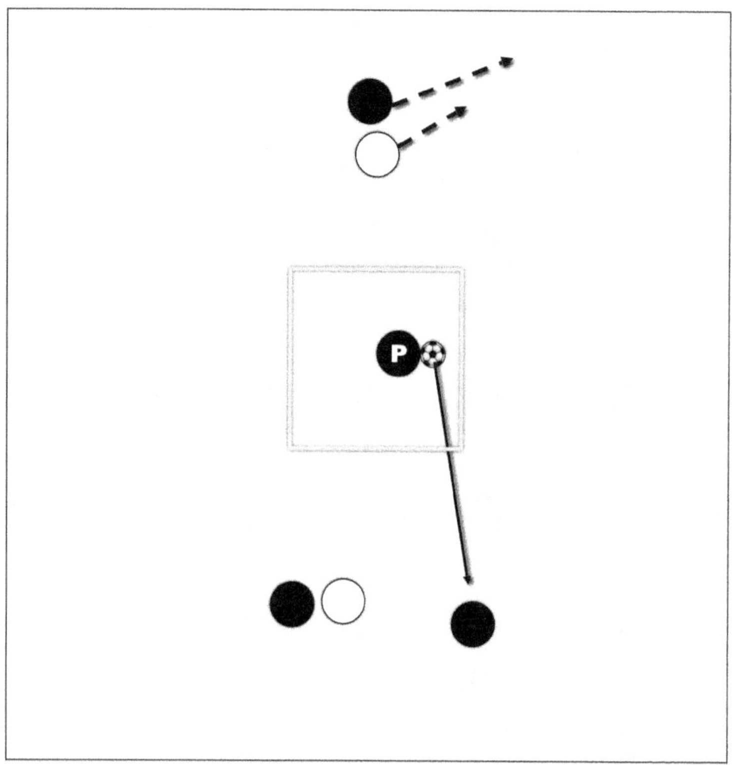

Tarea N° 39	Objetivo Principal	Mejora de la toma de decisión con balón
	jugadores	5

Explicación

Un portero en el cuadrado y los compañeros fuera estarán marcados por un rival con libertad de movimientos alrededor del cuadrado. El portero enviará al compañero que consiga desmarcarse. Los rivales (blancos) solo podrán interceptar o anticipar el envío del portero.

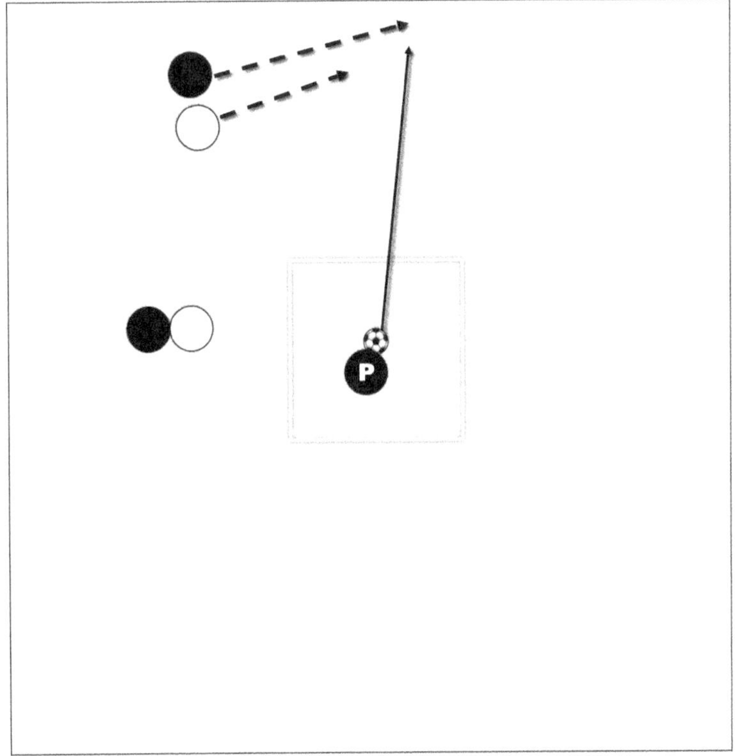

Tarea N° 40	Objetivo Principal	Mejora de la toma de decisión con balón
	jugadores	5

Explicación

Un portero en el cuadrado y los otros cuatro jugadores tras los conos o siluetas menos uno que "se desmarcará". El portero enviará el balón al desmarcado (que no sabrá cual es e irá variando de manera aleatoria coordinado por el entrenador).

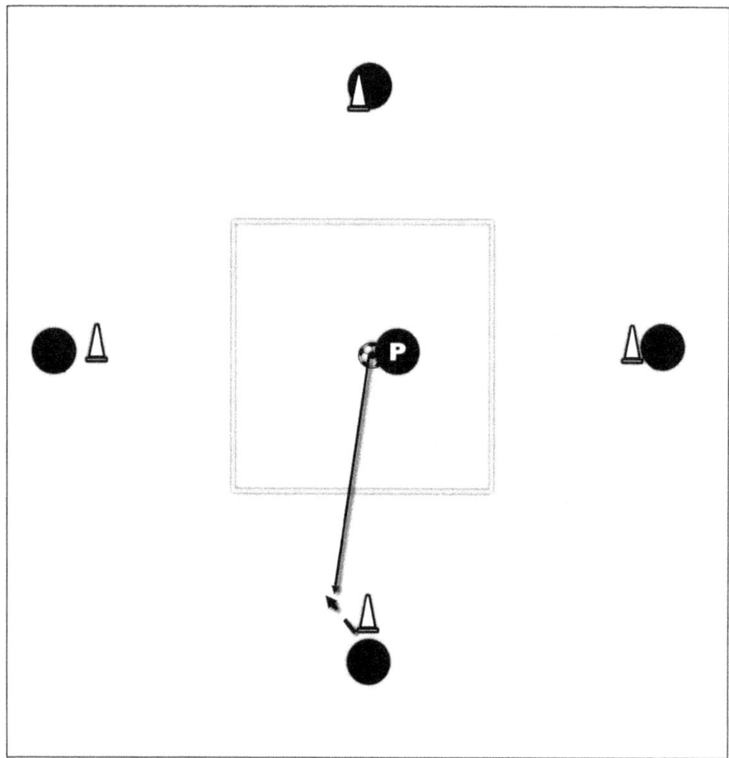

Tarea N° 41	Objetivo Principal	Mejora de la toma de decisión con balón
	jugadores	7

Explicación

Un portero en el cuadrado y los compañeros fuera estarán en cada lado todos marcados menos uno. Cuando reciba tendrá que volverse y pasar al compañero que esté libre de marca, que le devolverá el balón para que se dé la vuelta y pase al compañero que esté libre. Los jugadores libres de marca irán variando de manera aleatoria coordinados por el entrenador.

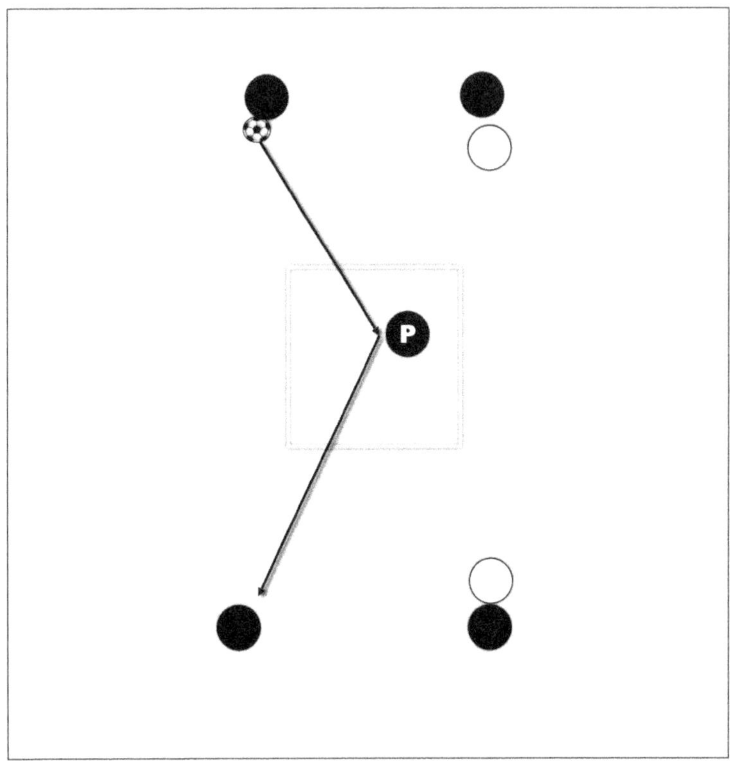

Tarea N° 42	Objetivo Principal	Mejora de la toma de decisión con balón
	Jugadores	5

Explicación

Los jugadores distribuidos como en la imagen. El jugador con balón pasará al portero que pasará con los pies al compañero que no esté marcado por el rival. El compañero libre irá cambiando de manera aleatoria.

Tarea N° 43	Objetivo Principal	Mejora de la toma de decisión con balón
	Jugadores	7

Explicación

Los jugadores distribuidos como en la imagen. El portero intentará atraer a un rival para pasar al compañero que dejó libre el rival que vino a la presión. El jugador que vaya a la presión variará de manera aleatoria.

Tarea N° 44	Objetivo Principal	Mejora de la toma de decisión con balón.
	Jugadores	5

Explicación

Los jugadores distribuidos como en la imagen. El portero intentará pasar a los compañeros de fuera del área y los rivales intentarán interceptar los pases o presionar al portero para que no pueda jugar con ellos. Los compañeros cuando reciban pasarán la línea.

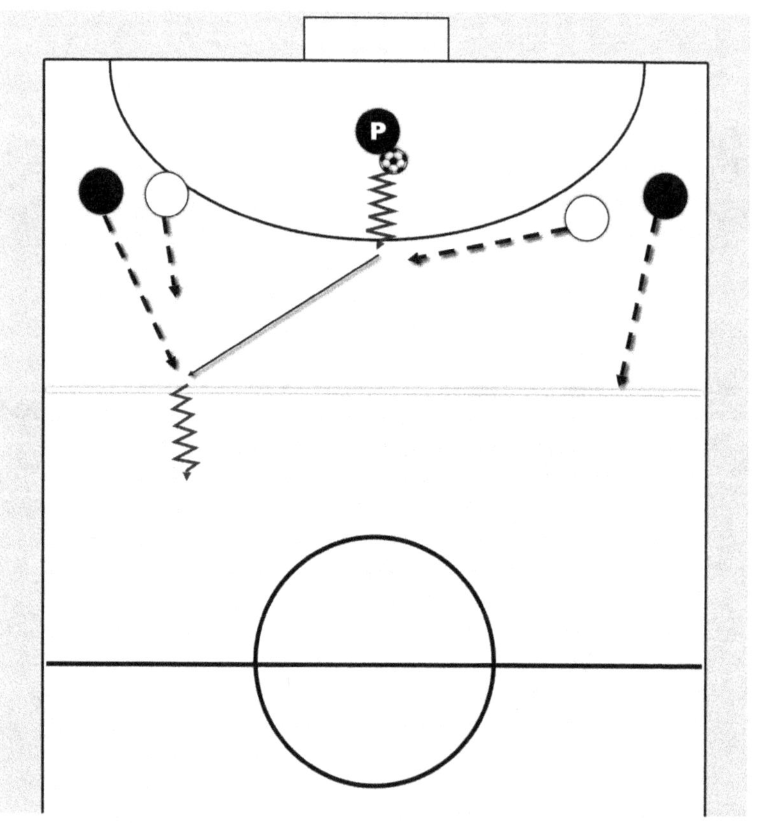

Tarea N° 45	Objetivo Principal	Mejora de la toma de decisión con balón
	Jugadores	5

Explicación

Los jugadores distribuidos como en la imagen. El portero intentará atraer a los jugadores rivales o hacerles dudar en la presión durante los cuatro segundos para que cuando entren en el área se desmarquen los compañeros y pasarles el balón a uno de ellos y pueda atravesar la línea con el balón.

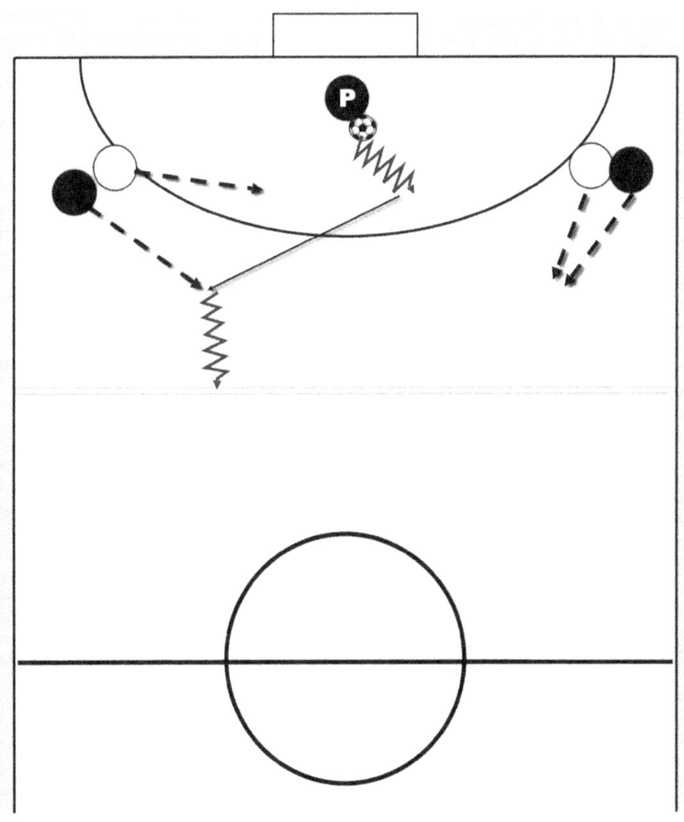

Tarea N° 46	Objetivo Principal	Mejora de la toma de decisión con balón
	Jugadores	7

Explicación

Los jugadores distribuidos como en la imagen. El portero cuando ponga el balón en juego recibirá la presión de uno de los jugadores que están cerca del área (de manera aleatoria) y tendrá cuatro segundos para jugar con uno de los compañeros que se desmarcarán.

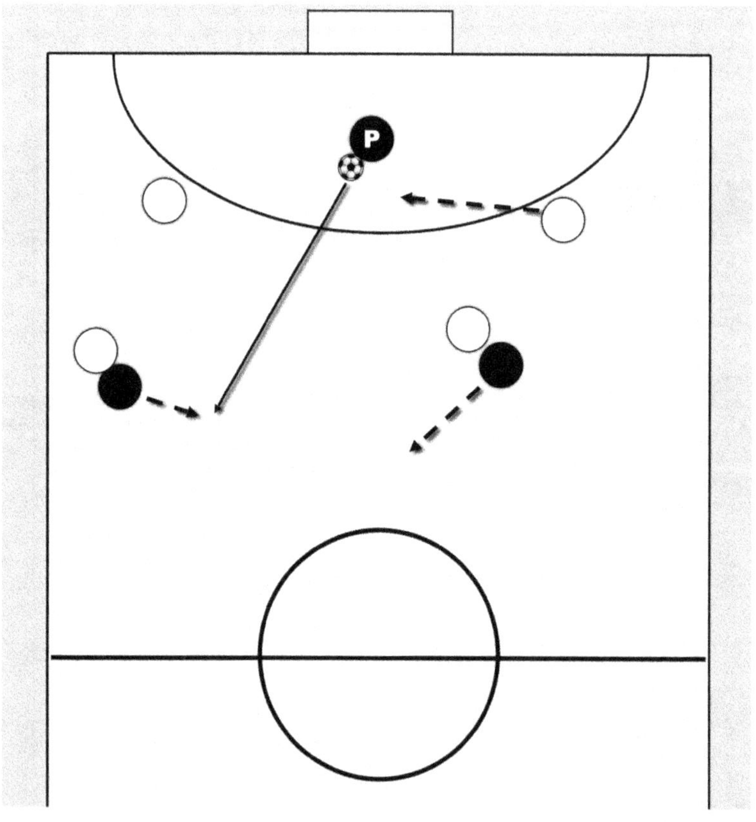

Tarea N° 47	Objetivo Principal	Mejora de la toma de decisión.
	jugadores	6

Explicación

Un portero de cada equipo en el cuadrado y los compañeros fuera estarán marcados por un rival con libertad de movimientos alrededor del cuadrado. El equipo con balón intentará jugar con su portero y este pasará a uno de sus compañeros. El equipo sin balón intentará robar y si lo consigue cambiarán los roles.

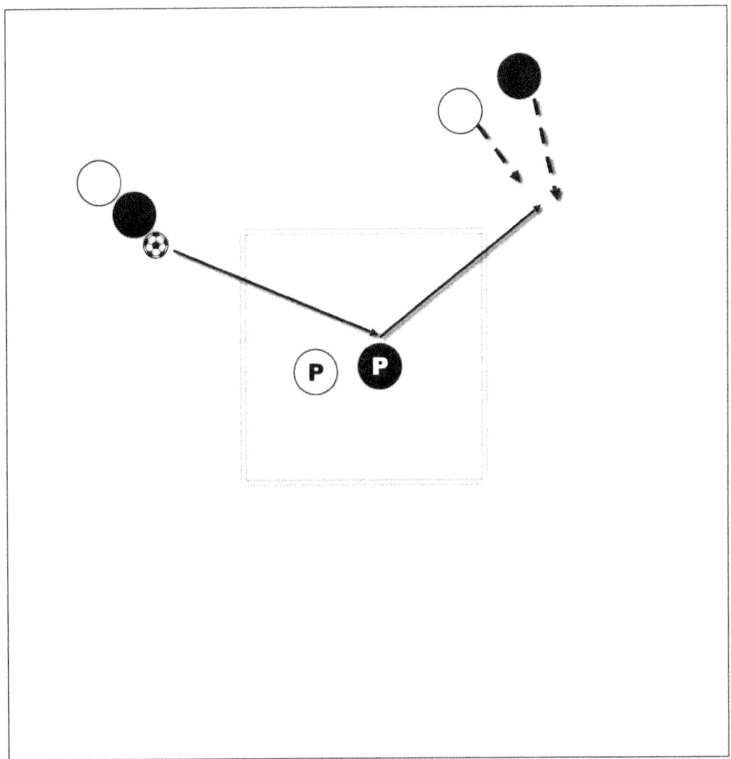

Tarea N° 48	Objetivo Principal	Mejora de la toma de decisión
	jugadores	5

Explicación

Un portero en el cuadrado y los otros cuatro jugadores situados como en la imagen. El jugador rival tirará el balón al cuadrado y el portero lo recepcionará y lo enviará al jugador que se desmarque. Los jugadores irán variando quien se desmarca de manera aleatoria sin que lo conozca el portero.

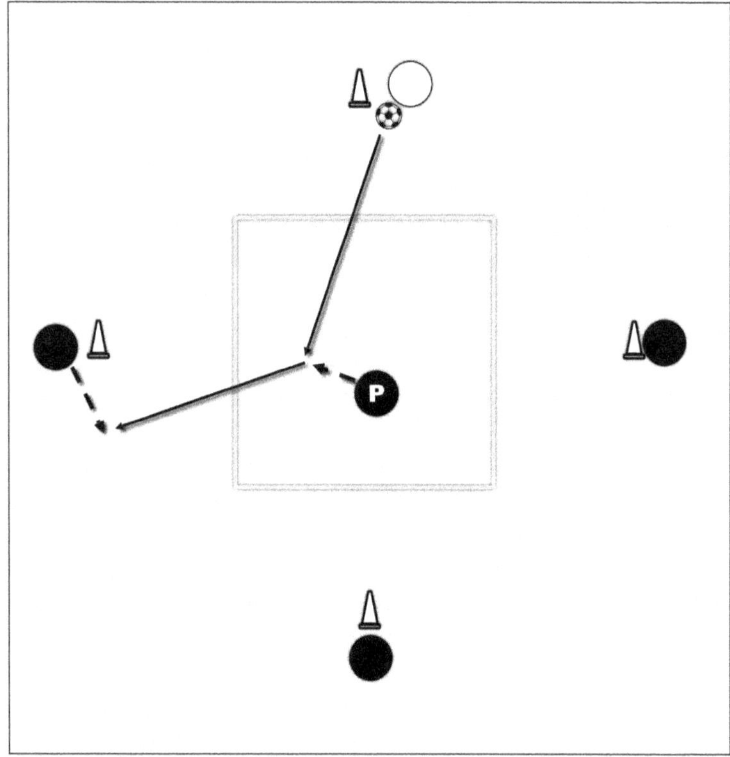

Tarea N° 49	Objetivo Principal	Mejora de la toma de decisión.
	Jugadores	5

Explicación

Los jugadores distribuidos como en la imagen. El jugador con balón conducirá hasta línea de fondo y de manera aleatoria, los otros jugadores se dirigirán a uno de los tres conos cada uno (el que ataca y los que defienden). El portero intentará solucionar la situación de peligro y si bloca el balón jugar rápido con el compañero que quede desmarcado para llevar el balón a campo contrario.

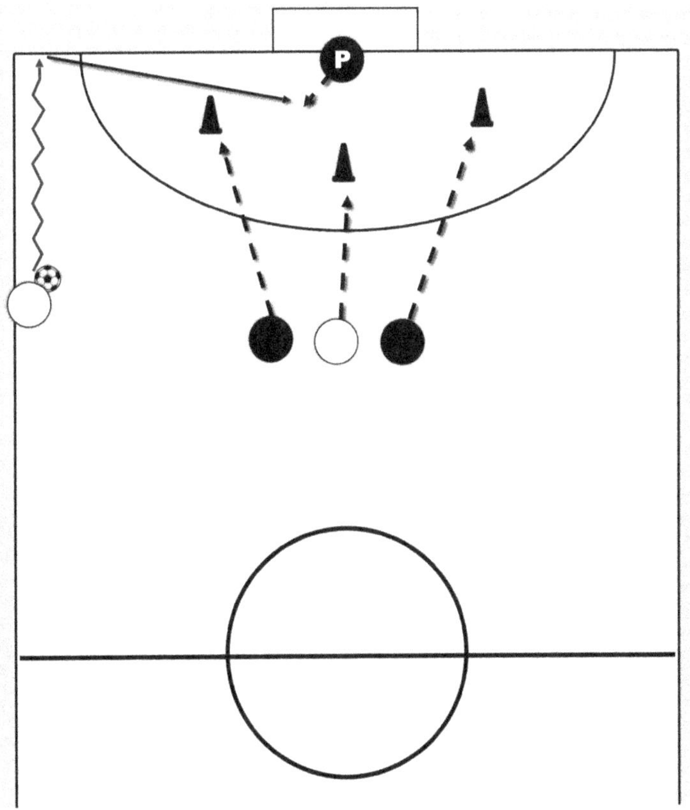

Tarea N° 50	Objetivo Principal	Mejora de la toma de decisión.
	Jugadores	7

Explicación

Los jugadores distribuidos como en la imagen. El jugador con balón conducirá hasta línea de fondo y los otros jugadores (de manera aleatoria y coordinada) se dirigirán a uno de los conos cada uno (los que atacan y los que defienden). El portero intentará solucionar la situación de peligro, si rechaza el balón tendrá en cuenta donde están sus compañeros y si bloca el balón jugará rápido con el compañero que quede desmarcado para llevar el balón a campo contrario.

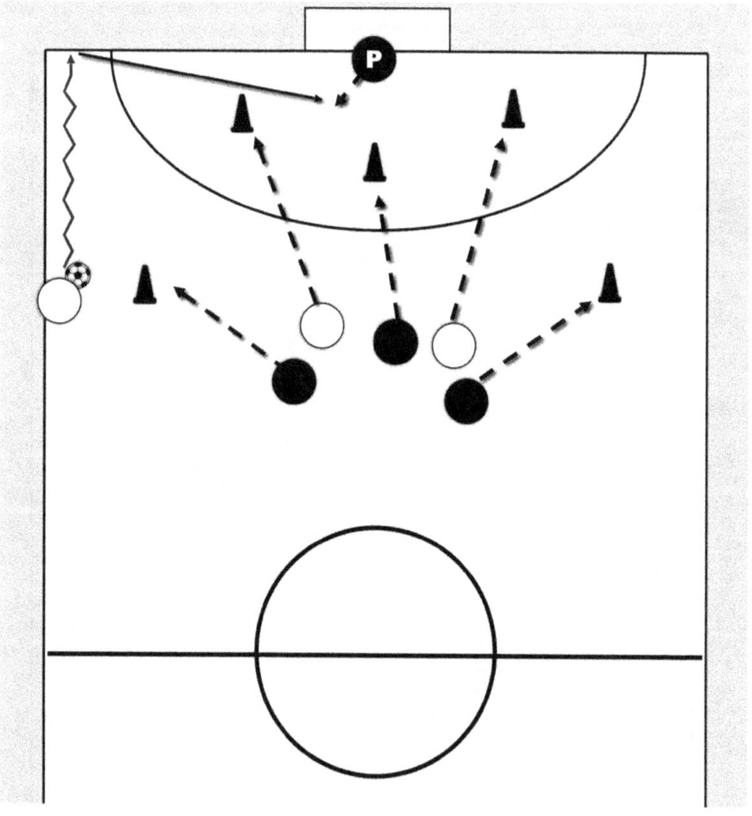

BIBLIOGRAFÍA

- Alarcón, F.; Cárdenas, D.; Clemente, V.; Collado, J. A. (Coord.); Guillén, J. C.; Jiménez, M.; Lázaro J.; Mercadé, O.; Ardoy, D. N.; Rivilla, I. y Sánchez, M. (2018): *Neurociencia, deporte y educación*. Editorial Wanceulen.
- Ares Ikaran, Aitor y Tomás Chicharro, Francisco (2008): *Manual Para el Entrenamiento de Porteros de Fútbol Base*. Editorial Paidotribo.
- Ballarini, F. (2016): *REC: Porque recordamos lo que recordamos y olvidamos lo que olvidamos*. Editorial Debate.
- Bangsbo, J. y Peitersen, B. (2002): *Fútbol: Jugar en defensa*. Editorial Paidotribo. Barcelona.
- Bargh, J. (2018): ¿Porqué hacemos lo que hacemos?: el poder del inconsciente. Editorial Ediciones B.
- Caballero, M. (2017): *Neuroeducación de profesores y para profesores: De profesor a maestro de cabecera*. Editorial Ediciones Pirámide.
- Caneda, R. (1999): *La zona en Fútbol*. Editorial Wanceulen. Sevilla.
- Cano Moreno, Oscar (2010): *Fútbol: Entrenamiento global basado en la interpretación del juego*. Editorial Wanceulen.
- Castellano, Julen y Casamichana, David (2016): *El arte de planificar en fútbol*, Editorial Futbol de libro.
- Castellano, Julen; Casamichana, David y San Román, Jaime (2015): *Los juegos reducidos en el entrenamiento del fútbol*. Editorial Fútbol de libro.
- Castelo, J. (1999): *Futbol. Estructura y dinámica del juego*. Editorial INDE. Barcelona.
- Conde, M. (2000): *Contraataque*. Instituto Monsa de Ediciones.
- Couto, A. (2015): *Las grandes escuelas del Fútbol Moderno*. Editorial Fútbol de libro.
- Curbelo Machado, Alejandro y Viñales Durán, Gerardo (2007): *Doscientos 52 ejercicios de portero*. Editorial Paidotribo.
- Espar, Xesco (2010): *Jugar con el corazón: La excelencia no es suficiente*. Plataforma Editorial.
- Fradua, Luis (1997): *La visión periférica del futbolista*. Editorial Paidotribo.

- García Ocaña, Francisco (2008): *El portero de fútbol.* Editorial Paidotribo.
- García Ocaña, Francisco (2008): *Fútbol y Fútbol sala: 250 actividades sociomotrices.* Editorial Paidotribo. Barcelona.
- Garganta, J. y Pinto, J. en Graça, A. y Oliveira, J. (1997): *La enseñanza de los juegos Deportivos.* Editorial Paidotribo.
- González, Alberto (2013): *Fútbol. Dinámica del juego desde la perspectiva de las transiciones.* Editorial Learning 11.
- Jackson, Phil (2014): *Once anillos.* Editorial Roca.
- Juan Sánchez, D. (2016): *La Periodización Táctica en Fútbol Base y Aficionado: Aplicación práctica para categoría infantil, cadete, juvenil o aficionado.* Autoedición
- López López, Javier (2008): *Fútbol: Alevines: 120 fichas de sesiones de entrenamiento.* Editorial Wanceulen. Sevilla.
- López López, Javier (2008): *Fútbol: Cadetes: 160 fichas de sesiones de entrenamiento.* Editorial Wanceulen. Sevilla.
- López López, Javier (2009): *400 tareas integradas para el entrenamiento de la táctica ofensiva.* Editorial Wanceulen.
- López López, Javier (2009): *500 juegos para el entrenamiento físico con balón.* Editorial Wanceulen.
- López López, Javier (2009): *Fundamentos tácticos defensivos.* Editorial Wanceulen.
- López López, Javier (2009): Fútbol: *1380 Juegos globales para el aprendizaje y perfeccionamiento de la técnica ofensiva y defensiva.* Editorial Wanceulen. Sevilla.
- López López, Javier (2009): *Fútbol: Prebenjamines: 80 fichas de sesiones de entrenamiento.* Editorial Wanceulen. Sevilla.
- López López, Javier (2011): *Fútbol y Fútbol Sala: 96 juegos para el entrenamiento integrado de la Táctica Ofensiva.* Editorial Wanceulen.
- López López, Javier (2011): *Fútbol y Fútbol Sala: 96 juegos para el entrenamiento integrado de la Táctica Defensiva.* Editorial Wanceulen.
- López López, Javier (2013): *Fútbol: Benjamines: 80 fichas de sesiones de entrenamiento.* Editorial Wanceulen. Sevilla.
- López López, Javier (2013): *Fútbol: Infantiles: 120 fichas de sesiones de entrenamiento.* Editorial Wanceulen. Sevilla.

- López López, Javier (2013): *Fútbol: Juveniles: 160 fichas de sesiones de entrenamiento.* Editorial Wanceulen. Sevilla.
- López López, Javier (2013): *Fútbol: Senior (2013): 175 fichas de sesiones de entrenamiento.* Editorial Wanceulen. Sevilla.
- López López, Javier; Wanceulen Moreno, Antonio; Wanceulen Moreno, José F. y Bernal Ruiz, Javier (2009): *225 juegos para el entrenamiento integrado del pase en el fútbol.* Editorial Wanceulen.
- Marí, Pep (2011): Aprender de los campeones. Plataforma Editorial.
- Marí, Pep (2019): *Equipos campeones: Como convertir un buen equipo en uno mucho mejor.* Editorial Plataforma Impresa.
- *Martín Agüero, Osvaldo Javier (2013): La Técnica y La Táctica del Portero de Futbol. Editorial Academia Española.*
- Mayer, R. (1996): *Fichas de fútbol. 120 juegos de ataque y defensa.* Hispano Europea. Barcelona.
- Mora, F. (2014): *¿Cómo funciona el cerebro?* Alianza editorial.
- Mora, F. (2017): *Neuroeducación: sólo se puede aprender de aquello que se ama.* Alianza editorial.
- *Pascua Iborra, Jon (2011): Manual técnico del portero de fútbol. Editorial Paidotribo*
- Pérez, Marcial (2019): *Mente Deportiva: Entrenar el cerebro para extender los límites del rendimiento.* Autoría Editorial.
- Portugal, M. A. (2018): *El entrenamiento en Fútbol. Rondos y mantenimientos.* Editorial Lisma.
- Ramón Madir, Isidre y Álvarez, Jorge (2013): *Porteros.* Editorial Moreno y Conde Sports, S.L.
- Revuelta Candón, Amalia (2016): *El cerebro decide.* Editorial Fútbol Táctico.
- Sainz de Baranda, Pilar; Llopis Portugal, Luis y Ortega Toro, Enrique (2006): *Metodología Global para el Entrenamiento del Portero de Fútbol.* Editorial Wanceulen.
- Seirul´lo, F. (1999): *Criterios modernos del entrenamiento en el fútbol.* Revista Training Fútbol. Valladolid.
- Tamarit, X. (2007): *¿Qué es la periodización Táctica?* Editorial M.C. Sports.